Deven Wallace nos habla de un tema crucial para la familia cristiana. Descubrir, cultivar y promover los propósitos naturales y los que Dios les ha dado a nuestros hijos, es nuestro mayor llamado como padres. Las verdades esbozadas en este libro, adquiridas a través de sus propias experiencias y descubrimientos, fortalecerán su familia como lo hicieron con la de ella. ¡Este libro es una LECTURA FUNDAMENTAL!

—SHERYL BRADY
PASTOR, THE POTTERS HOUSE NORTH

La pastora Deven Wallace ha luchado por las mujeres y los hijos durante muchos años. Ella ha sido una ávida activista por la erradicación del tráfico de personas, ha sido una voz para aquellos que no la tienen, y recluta a otros para que sean guerreros para la causa de Cristo y contra todo aquello que lastima el corazón del Padre. En su libro *La guerrera que llamamos mamá*, ella presenta una estrategia para todas aquellas madres que buscan desesperadamente poner en práctica el llamado como madres guerreras, ponerse al frente de la línea de batalla y sacar la cara para ver el Reino de Dios venir, y su voluntad ser cumplida en nuestras familias. El conocimiento es poderoso, y lo que esta mujer nos ofrece no es un mero conocimiento común y corriente. Es un conocimiento que proviene de la Palabra de Dios viva y de la revelación que ha sido descargada de Dios para ayudar a transformar esta sociedad. ¡Recibamos esa capacitación, ese valor, y esa preparación que se necesita para convertirnos en esas madres que todo enemigo infernal teme!

—JUDY JACOBS
AUTORA, LÍDER DE ADORACIÓN,
PASTORA ASOCIADA, Y MADRE GUERRERA

Han pasado casi tres años desde que Dios nos colocó a mi esposa y a mí en las vidas de nuestros queridos amigos Kevin y Deven Wallace. De esta transformadora jugada del Espíritu surgió un lazo

de amistad entre ambas familias que jamás nos imaginamos que sería posible.

Me estremece pensar que Dios haya llamado a Deven a escribir este libro, y la verdad no se me ocurre otra mejor persona con una unción similar a la de ella para ello. Deven obra bajo la cobertura de un manto auténtico e inusual, diferente a los demás. La mayor manifestación de este manto la tenemos en sus propios hijos. Es simplemente asombroso ver el amor y el Espíritu de Dios presentes en ellos. ¡Preparémonos! Hay una generación que se está levantando, y que está llena del fuego eterno.

—Apóstol Damon Thompson
Damon Thompson Ministries

He tenido el privilegio de ser amiga cercana de Deven durante más de una década, y de algo estoy segura: ella es una leona cuando se trata de sus hijos. Es una mujer de oración, y sobre ese fundamento ella cría, predica, y escribe. La revelación y el material práctico incluidos en este libro la transformarán a usted y a la manera en que percibe la maternidad, y por consiguiente a sus hijos. Como madre de siete niños ando constantemente en búsqueda de luz para ser una mejor madre para ellos. ¡La invito a leer este libro una y otra vez! Llenará de vida tanto a usted como a sus hijos.

—Pastora Jihan Cox
Redemption Life Church

La GUERRERA que llamamos Mamá

DEVEN WALLACE

CASA
CREACIÓN

La guerrera que llamamos mamá por Deven Wallace
Publicado por Casa Creación
Una compañía de Charisma Media
600 Rinehart Road
Lake Mary, Florida 32746
www.casacreacion.com

Traducido por: www.thecreativeme.net (tr.: E. Giménez, ed.: P. Centeno)
Diseño de la portada: Lisa Rae McClure
Director de Diseño: Justin Evans

Originally published in English under the title:
The Warrior We Call Mom
Published by Charisma House
Charisma Media/Charisma House Book Group
Lake Mary, FL 32746 USA
Copyright © 2017 Deven Wallace
All rights reserved

Copyright © 2017 por Casa Creación
Todos los derechos reservados

Visite la página web de la autora: www.thezionproject.net

Library of Congress Control Number: 2017931093
ISBN: 978-1-62999-057-6
E-book ISBN: 978-1-62999-323-2

Impreso en los Estados Unidos de América
17 18 19 20 21 * 7 6 5 4 3 2 1

Este libro está dedicado a los cuatro regalos más preciosos e inestimables que he recibido en mi vida: Jeremiah, Isaiah, Zion y Judah Wallace. Mi corazón no podría estar más orgulloso de ustedes, a quienes tengo el privilegio de poder ver crecer y madurar. Anhelo poder ver la culminación del destino que está encerrado dentro de ustedes. Los amo con todo mi corazón, de aquí a la luna.

Contenido

Agradecimientos

UN POPULAR PROVERBIO africano dice que se necesita un pueblo para criar a un niño. ¡Estoy convencida de que lo mismo podría decirse de la publicación de un libro! Este proyecto no fue el resultado de mis propias manos. Quiero expresar un agradecimiento especial a las muchas "parteras laborales" que estuvieron a mi lado para ver este objetivo alcanzado. Ante todo, agradezco al dulce Espíritu Santo por ser mi mejor amigo y consejero como madre. Le agradezco por ser el mejor maestro, consuelo y guía en mi viaje por la maternidad. Cualquier contenido positivo de este libro es el resultado de su infinita sabiduría.

Gracias a mi asistente y cómplice, Diethra Seymour. Agradezco su continua presencia asesorándome, editando mis escritos, y animándome. No te cansaste de impulsarme, ni dejaste de creer en mí. Sinceramente, no sé si este proyecto habría podido llegar a término sin tu esfuerzo y apoyo.

Quiero agradecer a mi esposo y a mis hijos por la paciencia que me tuvieron durante este proceso. Gracias, Kevin, por impulsarme siempre a alcanzar las estrellas y obedecer al Señor en cualquier dirección que Él nos conduzca. ¡Gracias Jeremiah, Isaiah, Zion, y Judah, por haberme animado a lo largo del camino, enriqueciéndome con historias personales de sus vidas y por su pasión en vivir el Reino de Dios diariamente! Todo lo que he aprendido sobre ser madre proviene de las experiencias prácticas que hemos compartido a lo largo de los años. Ustedes ya están cambiando el mundo que los rodea, y anhelo ver lo que Dios irá revelando en cada una de sus vidas a medida que crecen en Él. Los amo, y es un honor y privilegio ser llamada "mamá" por cada uno de ustedes.

Gracias a Anna Phillips por ser como una madre espiritual y mentora en mi vida. Gracias por ver potencial en mí cuando yo era solo una adolescente, y darme la oportunidad de ver y experimentar a Dios a través del ministerio en esa etapa de mi vida. Mucho de lo que he aprendido sobre la crianza de los hijos durante el ministerio ha sido de tu ejemplo en los últimos años. Tu voz está presente a través de las páginas de este libro. Gracias por haberme enseñado a ser una seguidora radical de Cristo y por seguir capacitando a los niños a ser miembros activos y poderosos del Reino de Dios. ¡Mis propios hijos han sido transformados por tu liderazgo!

Gracias a mi madre y a mi padre por sumergirme en el ministerio cuando era niña y haberme enseñado desde que nací a través de su ejemplo cómo vivir la Palabra. Me inicié en las bancas de la iglesia, y mis recuerdos de infancia están llenos de anécdotas en la casa de Dios. Gracias por esta base que me han dado. Gracias, mamá, por enseñarme una de las mejores oraciones que puedo hacer como madre, y que tú hacías por nosotros cada día: "Señor, no me permitas enseñarles nada a mis hijos que tú tengas que corregir cuando sean adultos". Jamás la he olvidado, y forma parte de mis decisiones diarias como madre. Gracias por ser sensible al Espíritu y haber educado a todos tus hijos a ser ministros del Reino.

Introducción

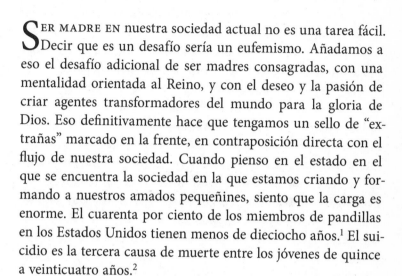

Ser madre en nuestra sociedad actual no es una tarea fácil. Decir que es un desafío sería un eufemismo. Añadamos a eso el desafío adicional de ser madres consagradas, con una mentalidad orientada al Reino, y con el deseo y la pasión de criar agentes transformadores del mundo para la gloria de Dios. Eso definitivamente hace que tengamos un sello de "extrañas" marcado en la frente, en contraposición directa con el flujo de nuestra sociedad. Cuando pienso en el estado en el que se encuentra la sociedad en la que estamos criando y formando a nuestros amados pequeñines, siento que la carga es enorme. El cuarenta por ciento de los miembros de pandillas en los Estados Unidos tienen menos de dieciocho años.[1] El suicidio es la tercera causa de muerte entre los jóvenes de quince a veinticuatro años.[2]

Uno de cada cuatro adolescentes tendrá un episodio de depresión durante sus estudios secundarios, generalmente a partir de los catorce años.[3] Una de cada cinco niñas y uno de cada veinte chicos son víctimas de abuso sexual.[4] Más estadounidenses mueren debido a sobredosis de drogas recetadas que debido a la heroína y la cocaína combinadas.[5] Aproximadamente trescientos mil adolescentes estadounidenses de dieciocho años o menos son inducidos al comercio sexual cada año.[6] Nuestros padres solo tenían que preocuparse por los pedófilos y los secuestradores que pudieran acecharnos en nuestro camino a la escuela o si se nos ocurría ir a jugar en un barrio malo, pero ahora debido a los avances de la tecnología los depredadores pueden encontrar a nuestros hijos en la seguridad de sus propios dormitorios. Una puerta cerrada ya no es una barrera suficiente contra aquellos que podrían influir en nuestros hijos y hacerles daño. Qué enorme y abrumadora responsabilidad ha sido colocada sobre los hombros de esta generación en nombre del "privilegio", la "libertad", o incluso la "oportunidad". Más que nunca, los niños y los adolescentes necesitan ser orientados al enfrentar diariamente los desafíos de la vida. Sin embargo, la familia está cada día más distorsionada y los padres más desinteresados que nunca. Es una combinación mortal que está destruyendo nuestros hogares.

Estoy segura de que a usted todo esto le preocupa, especialmente como madre. Su primera reacción puede ser cubrir sus oídos o cerrar los ojos para evitar enterarse de esta desagradable realidad. Quisiéramos ignorarla y evitarla. Sin embargo, intentar ignorar la realidad de la oscuridad que nos rodea no la hace desaparecer. Este es el mundo en el que vivimos, y es necesario que seamos sacudidas y despertemos. Hay una batalla que tenemos que enfrentar diariamente, y nuestros hijos son el botín de guerra. El enemigo tiene un plan de ataque, y no va a pasar a nuestros hijos por alto solo porque lucen lindos e inocentes. El enemigo sabe lo que hace, y ataca a los hogares desprevenidos y dormidos.

La única manera de enfrentar efectivamente la oscuridad es reconociéndola y confrontándola con el arma más poderosa que existe contra ella: la luz. Encender la luz hará que la oscuridad huya. La verdad de Dios es esa luz, y el conocimiento de su Palabra y su Reino un arma que la oscuridad no puede soportar. Ahora, si permanecemos dormidos en el espíritu, seremos ineficaces en la autoridad que Dios nos ha dado sobre las tinieblas. El hecho de tener acceso a un arma no significa que tenemos la sobriedad o la habilidad para usarla. Nuestros hijos podrían sufrir la derrota en la sociedad en la que los estamos criando, no porque Dios no nos haya dado el arsenal necesario para salir victoriosos, sino porque no estamos despiertos en cuanto al uso de ese arsenal. Según 1 Pedro 5:8

nuestro adversario está buscando a los que duermen. Debemos estar sobrios y vigilantes para resistirlo.

Una madre consagrada que conozco cuenta que el Espíritu del Señor le habló a través de una escena de la clásica trilogía de *El señor de los anillos*. Me habló de la escena en la que, en la batalla del abismo de Helm, el enemigo embiste a las familias que se habían refugiado en una fortaleza. El ejército del enemigo era tan grande, y el de ellos tan pequeño, que la única manera de proteger a los niños fue armándolos. Como resultado, colocaron una pesada armadura sobre los muchachos y les dieron espadas afiladas. A medida que la escena se desarrollaba ante esta madre y sus pequeños, pudieron ver el miedo y la confusión reflejados en los rostros de los niños en la película porque jamás habían sido preparados para la batalla antes de ese momento de desesperación. El hijo más joven de la madre gritó: "Mamá, no es justo que tengan que pelear así". Todo lucía muy injusto, las armaduras tan voluminosas, pero era un momento y una circunstancia en la era crucial que todos participaran en la lucha. No podían darse el lujo de hacer excepciones si querían alcanzar la victoria.

Ese es precisamente el momento que estamos viviendo ahora en el Reino. Los derramamientos de los últimos días profetizados en Joel 2 no solo caerán sobre los viejos o los jóvenes, o sobre hombres o mujeres, sino sobre toda la creación de Dios. Esto significa que la guerra que acompaña este derramamiento nos involucrará a todos: viejos y jóvenes, hombres y mujeres. En este momento nuestros hijos están involucrados en la batalla, querámoslo o no. No tenemos la opción de participar o de no participar. No hay "evasión del servicio" en el Reino. La decisión es si prepararemos a nuestros hijos o no con las habilidades y el armamento necesario para vencer. Ellos están rodeados, y es nuestra responsabilidad, no solo equiparlos con las armas espirituales que necesitan para lograr la victoria, sino también entrenarlos, antes del fragor de la batalla, para que usen esas armas de manera eficaz. Yo no quiero que mis hijos se sientan incómodos con la espada del Espíritu en sus manos, ni que la coraza de justicia sea demasiado grande para sus pechos. Mis hijos, al igual que el resto de la generación actual, necesitan saber quién es su Dios y quiénes son ellos en Cristo. Deben estar armados con la Palabra y con el conocimiento de cómo conmover el cielo con sus oraciones. Debemos entrenarlos, no tanto para que no se distraigan con las trampas del enemigo, sino para que sean fieles seguidores de Dios ahora que son jóvenes. Ellos deben transformar a la sociedad, no permitir que la sociedad los transforme a ellos.

No hay nada que me fastidie más que el sonido del despertador sacándome de mi apacible sueño en una mañana fría y oscura. Las mañanas de los lunes son particularmente las que más me molestan. El despertador comienza con un sonido leve, pero está diseñado para que vaya aumentando y haciéndose más molesto a medida que se le ignora. No está destinado para que sea agradable y calmante, porque entonces no cumpliría su objetivo. El sonido de la alarma ha de ser repentino y fastidioso, de manera que provoque una reacción. Es un sonido que se repite una y otra vez hasta que logra la respuesta deseada. Esa es la naturaleza de un reloj despertador. No es nuestro enemigo, sino nuestro amigo, a pesar de que a veces lo golpeamos inmisericordemente por cinco minutos más de descanso. La alarma nos ayuda a no perder las oportunidades y cumplir las responsabilidades del día. Impide que nos quedemos dormidos en momentos en los que no podemos permitirnos ese lujo. Nos ayuda a ser puntuales, y aunque no disfrutamos que nos despierte, sufriríamos mucho sin ella. Es una molestia necesaria de la que realmente deberíamos estar agradecidos.

Dios diseñó la voz del profeta para que cumpliera el mismo papel en su Iglesia. Su voz es como la alarma de un despertador. Su propósito es que sea fuerte, clara y repetitiva hasta

que produzca una reacción o respuesta. Puede comenzar
con un recordatorio muy suave, pero si se ignora, su mensaje será cada vez más fuerte. La voz del profeta no está diseñada para ser ignorada, y exige una respuesta. Está destinada
a despertarnos de nuestro sueño espiritual y alertarnos sobre
la hora actual en el Reino. No es fácil de ignorar, y ciertamente
no está destinada a calmarnos o hacernos sentir tranquilos.
Tiene el propósito de despertarnos para que no perdamos las
oportunidades del reino de Dios y no nos quedemos dormidos
a las diversas citas en el calendario que Dios tiene para nuestras vidas. Puede que su sonido no nos guste, pero debemos
aceptarlo. Los mensajes proféticos son necesarios, ya que son
como una brújula en el mapa del camino al Reino de Dios. Es
la misericordia de Dios la que ajusta el despertador para su
pueblo, y es la misericordia de Dios la que libera la voz del profeta para que declare la voluntad y el plan divinos. Es la voz del
profeta la que confronta a una generación rebelde y espiritualmente adormecida. Profetas como Hageo, Habacuc, Isaías y Jeremías fueron usados por Dios para que sonaran la alarma en
la nación de Israel. No seamos como los hijos de Israel e igno-
remos la alarma de Dios en esta hora.

El mundo en el que vivimos necesita urgentemente este despertador profético. Más importante aún, la misma iglesia necesita una alarma profética. Recientemente, visité una increíble
réplica en tamaño natural del arca de Noé durante una salida con la escuela de la iglesia. Una sección entera del museo
adentro de ella está dedicada a la representación artística del
estado de la humanidad antes del diluvio. Tuvimos una vislumbre de la depravación de la sociedad y la oscuridad rei-
nante. En una de las representaciones artísticas, se muestra
una progresión de cómo fue degradándose la humanidad, y
me sorprendió ver que las siete categorías principales de depravación que llevaron a Dios a tener que destruir la tierra eran
problemas comunes que estamos viendo ahora en el mundo.

Violencia, perversión sexual, corrupción gubernamental, corrupción religiosa, poligamia, desintegración de la familia, y gigantes que gobernaban la tierra eran algunos de los mencionados. ¿No suena familiar todo esto? La Biblia dice que en los días de Noé la gente comía y bebía mientras la destrucción se encaminaba hacia ellos (Mateo 24:38–39). Ellos ignoraron la voz de Dios, su Creador. Sus sentidos estaban entumecidos, sus espíritus corrompidos, y su visión cegada para ver las consecuencias de sus acciones. Estaban dormidos. Dios ungió a Noé para que declarara su palabra, pero se burlaron de él. Su voz se convirtió en un una fastidiosa alarma como de un reloj despertador, pero se negaron a escucharla. Su respuesta a esa alarma selló su destino.

Cuando el Mesías entró en escena en el tiempo del Nuevo Testamento, encontramos que el mundo nuevamente se encontraba ajeno a las intenciones de Dios. Ignorando que el calendario del Reino se estaba cumpliendo en medio de ellos, el pueblo vivía adormecido por la religión y estaba cegado a la salvación que estaba justo delante de ellos. La hora de su cita con un Visitante divino había llegado y, sin embargo, Jesús lloró por ellos porque muchos estaban dormidos en ese momento. En su amor y misericordia, Dios estableció una alarma para despertarlos, una voz que retumbaba como una trompeta en el desierto, el profeta llamado Juan, que vino en el espíritu y el poder de Elías. El joven vestido con cueros de camello y que comía langostas, despertaría a un remanente y convencería de pecado a los que lo escucharan (Marcos 1:1–4; Lucas 1:17). Él fue el predecesor necesario de Cristo. Sin embargo, como en el caso de Noé, muchos ignoraron, e incluso se burlaron del mensaje de Juan el Bautista. De nuevo, la respuesta a la alarma selló su destino.

Ahora que rápidamente nos acercamos al regreso del Mesías, se repite el mismo ciclo que la humanidad vivió durante los días de Noé y los días de Jesús: el ciclo del sueño. Mateo

24:37 dice que como era en los días de Noé, así sería de nuevo en los días del regreso de Cristo. Una generación, una sociedad, ajena a su propio destino, festejando en lugar de prepararse, divirtiéndose en lugar de ayunar, durmiendo en lugar de orar. Adormecida por los arrullos del egoísmo y la avaricia, envuelta en el manto de la religión, cegada a su destrucción venidera. Cristo nos advirtió que así sería en Lucas 17:26–27. Así como ocurrió durante su primera venida a esta tierra, que el espíritu de Elías resonó a través de la voz de Juan, ocurrirá en esta generación. Es hora de despertar, y eso requiere una alarma. Requiere que Juan el Bautista clame en el desierto. Lucas 1:17 sugiere que la alarma que Juan el Bautista portaba iba más allá de él: era el espíritu del despertar. Era el espíritu de Elías. Creo que este espíritu puede posarse sobre toda una generación. No será solo una voz, sino un ejército de voces que se convertirán en la trompeta y la advertencia a esta generación. Creo que nuestros hijos pueden llegar a ser esa generación. Como Juan, su voz puede despertar nuestro mundo despertando primeramente a la Iglesia.

La tarea de despertar a la iglesia comienza en la comodidad de nuestro propio hogar. El verdadero despertar comienza aquí donde estamos. No comienza en los pasillos y altares de las megaiglesias, sino en el avivamiento y la restauración de Cristo en el centro cada familia llena del Espíritu. El espíritu de Elías que estaba en la vida de Juan debe cubrir, no solo a esta generación, sino también a las madres y los padres, y debe afectar directamente la forma en que criamos a nuestros hijos. Es necesaria la participación de toda la casa. Tanto Elisabet como Zacarías fueron despertados antes de que criaran a su hijo Juan. La Biblia dice que una de las tareas del Espíritu es hacer volver los corazones de los padres, específicamente del padre, hacia los hijos, y los de los hijos hacia los padres (Mal. 4:6). La restauración y el fortalecimiento de la unidad familiar fortalecerá a la Iglesia. Dios sabe que un Reino fuerte se fundamenta sobre familias fuertes. Es por eso que la unidad familiar, nuestros matrimonios y nuestros hijos, están siendo atacados con tanta fuerza. Cuando veamos un avivamiento dentro de nuestras familias, ¡veremos también un avivamiento en nuestra nación y en nuestro mundo!

El espíritu del anticristo es la fuerza opuesta a Jesucristo, el verdadero Mesías, y al avance de su Reino. El espíritu del anticristo, que según declara Juan en 1 Juan 4:3 ya estaba operando en la tierra, no solo está atacando a los predicadores de la Palabra, sino también nuestros hogares. En 2 Timoteo 3:2 se nos dice que una de las características de los últimos días sería que los hijos serían desobedientes a sus padres y que operarían en la anarquía. Cuando miro el panorama actual de nuestra nación, específicamente los recientes disturbios en las calles y las protestas en algunos de nuestros colegios y universidades, puedo ver un espíritu de anarquía que podría estar vinculado a una raíz de desobediencia en el hogar. La misma cita nos dice que la generación del tiempo del fin será amante de sí misma, o egoísta. Esto es lo que yo llamo idolatría propia. La obsesión con el yo y la elevación de uno mismo sobre los demás se hace patente en la obsesión de la sociedad con las redes sociales, e incluso en el fenómeno de las *selfis*. Somos adictos a nosotros mismos y a crear una imagen propia que hemos adoptado como nuestra propia realidad. Esta sociedad, que intenta influenciar a nuestros hijos y nuestros hogares, se parece cada vez más a las advertencias de las Escrituras. No hay duda de que la zona de guerra de los últimos días va más allá de la iglesia, y se extiende hasta nuestro hogar. El espíritu del anticristo está atacando a nuestras familias.

¿Cual es la respuesta? ¿Qué podrá despertar a la iglesia para que se levante y brille en esta hora oscura? La voz de una generación profética que no sea indulgente ni se conforme con nada menos que el Reino de Dios en esta tierra. ¿Qué capacitará a esta generación para que levante su voz como una trompeta y clame como lo hizo Juan el Bautista? Lo que lo inicie será un derramamiento y una demostración de la gloria y el poder de Dios sobre nuestros hijos. Desde el vientre, Juan el Bautista estaba lleno del Espíritu Santo y tuvo un encuentro cara a cara con el poder y la presencia de Dios de una manera no convencional y a una edad anormalmente joven. Ese encuentro lo estableció y lo separó. Lo marcó para bien, para siempre. Esto es lo que esta generación necesita y lo que nuestras oraciones como madres deben clamar. Nuestros bebés necesitan un encuentro cara a cara con el Espíritu Santo que los marque para siempre para que dejen de sentirse conformes con el sistema religioso, y sean apartados como una voz profética del Todopoderoso. ¡Oh Señor, que este despertar comience con un nuevo derramamiento de tu Espíritu sobre tu Iglesia! Este derramamiento no se detendrá con nuestros bebés, sino que cubrirá a nuestras familias enteras. Hechos 2:2 nos dice que cuando el Espíritu Santo fue derramado, llenó toda la casa, no solo una habitación y ni a unos pocos individuos selectos. ¡Consumió todo el lugar y todos los que estaban en él! Este sigue siendo el deseo de Dios y la naturaleza del Espíritu Santo. Él quiere consumir a nuestra familia con su gloria. ¡El Espíritu Santo quiere llenar nuestra casa entera hoy!

Capítulo 1
MADRES DEL REINO

>>>»——————————•»

CONVERTIRME EN MADRE fue tal vez la mayor transición de mi vida como mujer. Cuando Kevin y yo nos casamos, yo apenas tenía diecinueve años; y unos pocos meses después de celebrar nuestro primer aniversario de boda, también celebramos el primer cumpleaños de Jeremiah, mi hijo mayor. Todo lo que su padre y yo sabemos sobre la crianza de los hijos lo aprendimos de nuestro tiempo con él. Él fue nuestro conejillo de indias, y aprendimos más de nuestros errores que de nuestros aciertos. Yo era la típica madre sobreprotectora y con germofobia. Íbamos al doctor cada vez que Jeremiah estornudaba, y nunca lo dejé con una niñera. El control me producía seguridad, y de verdad pensaba que tenía que anular mi vida personal para poder ser una buena madre.

Cometí el error común de muchas mujeres de sacrificar mi identidad propia por mi hijo. Yo era primero la madre de Jeremiah, en segundo lugar la esposa de Kevin, y por último la hija de Dios. Mis decisiones diarias giraban en torno a esas prioridades. Justo cuando parecía que finalmente estaba encontrando una rutina normal como mamá por primera vez, ¡descubrí que estaba nuevamente embarazada! Cuando Jeremiah tenía unos seis meses, me enteré de que Isaiah venía en camino. Dos bebés consecutivos y la nueva obligación de Kevin como pastor, hicieron que mi vida se complicara, al punto de que me convertí en una especie de robot. Llevaba una vida centrada en el rendimiento y en las obligaciones, y perdí de vista aquello para lo cual Dios me había creado. Sentía que la vida me estaba pasando por encima, y que jamás la alcanzaría. Nunca había experimentado una alegría tan indescriptible como la de ser madre, pero de alguna manera mi corazón no estaba satisfecho. Algo estaba gritando dentro de mí, pero sentía que mi alma y mi espíritu estaban exhaustos. A algunas de ustedes estos pensamientos y emociones de la maternidad les serán ajenos, pero sé que estoy escribiendo algo que muchas han tenido miedo o no pueden expresar en su experiencia. Algunas han vivido bajo la misma mentira que yo vivía: pensar que tenía que poner mi futuro, mis sueños y mi llamado en el altar de sacrificios en nombre de la maternidad, y que de alguna manera eso me haría una madre más santa y más justa. Peor aún, me creí la mentira de que eso era lo mejor para mis hijos.

Esto me lleva al encuentro transformador que tuve con el Espíritu Santo poco después del nacimiento de mi hija Zion. Ella es nuestra tercera hija y nació durante una temporada particularmente agitada de crecimiento y transición en nuestras vidas. Ella fue un valioso regalo para nuestra familia y para mí personalmente, pero su nacimiento despertó un anhelo y una búsqueda de claridad de identidad en mi corazón y en mi vida. Nuestros hijos no son solo regalos, sino agentes de luz que exponen la verdad de nuestros corazones. Ellos sacan lo mejor y lo peor de nosotros y parecen agudizarnos donde somos débiles. El nacimiento de Zion fue el comienzo de una transición transformadora ordenada por Dios en mi mente y mi corazón.

En este punto disfruté de la maternidad más que de cualquier otra asignación que Dios me hubiera dado en la vida. Había logrado lo mejor que una esposa de un pastor joven de una iglesia en crecimiento podía con mis dos hijos, pero algo parecía estar fallando en mi capacidad de ajustarme y manejarme después del nacimiento de mi tercer hijo. Tal vez influyó el hecho de que ahora Kevin y yo éramos minoría, pero no lograba poner mi vida en orden. ¡No hay vuelta a la normalidad después de tener un bebé! Simplemente nos toca aceptar una nueva definición de lo que es "normalidad". Tan pronto la madre enfrenta esta realidad y acepta la alegría y la emoción de su nueva normalidad en vez de llorar pensando en el pasado; la ansiedad, la depresión y el miedo desaparecen.

MINISTERIO, MATRIMONIO Y MATERNIDAD

Me había levantado temprano para alimentar a Zion, y estaba sentada en la oficina de la casa luchando con Dios en oración. Me quejaba, le hacía preguntas y estaba en una búsqueda interna. Yo sabía que Dios tenía un llamado para mí que yo aún no estaba cumpliendo a cabalidad. Añada a eso la frustración de sentir que estaba fallando en mis responsabilidades como madre, esposa de pastor y pastora asociada. Yo sabía que mis esfuerzos de pastorear al rebaño se estaban quedando cortos en mi intento de lograr un equilibrio entre el hogar y el ministerio. Si no podía cumplir esa responsabilidad de manera efectiva y administrar mi hogar, ¿cómo podría llegar a alcanzar las naciones, como Dios lo había puesto tan claramente en mi corazón cuando era adolescente? Convertirme en madre fue muy satisfactorio para mí, pero el Señor aún permitía que cierta incertidumbre permaneciera en mi corazón, porque la maternidad no era el final de mi viaje, ni un estacionamiento en el que podía parar y descansar un rato. Él no me estaba llamando a ser solo una esposa y madre; yo también tenía un papel que cumplir como su hija, un llamado que me había hecho cuando yo era una niña sin marido ni hijos. Él puso ese llamado en mi vida a pesar de haber visto que el don de la familia estaría en mi futuro. Las bendiciones adicionales de tener un esposo e hijos no revocaron ese llamado. Estas bendiciones no eran obstáculos para el llamado; más bien tenían el propósito de ser mejoras. No se suponía que causaran conflicto o competencia con el llamado, sino complementarlo. El llamado de Dios tanto a mi esposo como a mí también recaía sobre nuestros hijos, y si nosotros fuimos ungidos con un propósito específico, ellos compartían esa unción y ese llamado.

3

Me encontraba desesperadamente atrapada en algo que ahora califico como "el triángulo del diablo". No estoy hablando del Triángulo de las Bermudas, aunque los riesgos son muy similares. El Triángulo de las Bermudas es una región en la parte occidental del Atlántico Norte en la que algunos barcos y aviones han desaparecido "misteriosamente". Recuerdo haber oído historias de niña sobre el Triángulo de las Bermudas, en las que los sistemas de navegación dejaron de funcionar y los barcos y los aviones nunca pudieron ser ubicados o avistados de nuevo. Esta verdad podemos verla en el Espíritu, y el triángulo del diablo es un área de la vida en la que muchas mujeres entran, y durante su permanencia allí los sistemas de navegación que dirigen su destino y su llamado dejan de funcionar correctamente. Debido a ello, la identidad se pierde, y a estas mujeres se les dificulta mucho encontrar nuevamente su rumbo. Este riesgoso triángulo de vida se sostiene sobre tres pilares: ministerio, matrimonio y maternidad. Es el equilibrio en el que convergen la responsabilidad de ser ayuda idónea y esposas; el llamado a ser cuidadoras, maestras y formadoras de otro ser humano; y el llamado personal de Dios a cumplir nuestro propósito y asignación en la tierra como hijas suyas. Este triángulo ha sido diseñado para tantas mujeres, y sin embargo muchas no lo sobreviven. En algún punto mientras tratamos de mantener el equilibrio perdemos estos pilares en el radar de la vida, y parecen salirse de control.

Yo estaba justo en medio de ese triángulo, y en muchos sentidos me había liberado del mundo de afuera del triángulo. Parecía haber perdido el contacto con todos y cada uno de los que no encajaban en mi área de responsabilidad, y estaba desesperadamente perdida y desequilibrada. La ineficacia me rodeaba, y yo estaba perdiendo el control. Mis prioridades no estaban en orden, y eso representaba una muerte segura en esta época de mi vida. Me olvidé de ser hija primeramente, para que lo otro encajara en su lugar. Fue esa mañana particular en la que estaba alimentando a Zion mientras el resto de mi familia dormía, que el Señor comenzó a revelarme que todo aquello por lo que estaba pasando Él lo había planificado. Él era el que me había colocado en el triángulo, y yo sobreviviría y viviría para contarlo, a fin de exponer la misión del enemigo dentro del triángulo para que otras madres no solo pudieran sobrevivir, sino también prosperar en aguas difíciles de navegar.

Mientras oraba y lloraba ante el Señor con mi bella hija en brazos, tuve una visión abierta esa mañana, allí mismo en mi oficina. Me sentí desconectada de las cosas del Reino y estancada detrás de pañales, biberones, y buches. Ni siquiera podía sentarme a disfrutar de un servicio religioso completo. Sin embargo, esa mañana Dios le dio una vislumbre del Reino a una joven madre inexperta como yo. Bajó a mi encuentro y, cuando nadie más parecía verme, Él lo hizo. Creo que el reino espiritual funciona un poco como el reino de los sueños, en el sentido de que es posible ver y oír mucho en poco tiempo. Es posible soñar un día entero de actividades en solo una siesta de diez minutos. Eso fue lo que ocurrió durante esta visión abierta.

Reconozcamos la estrategia de ataque de Satanás

Lo que presencié ese día en cuestión de minutos es difícil de explicar con palabras. De alguna manera, vi ante mí los pensamientos y planes del enemigo. Fueron expuestos ante mi vista. Vi el deseo del enemigo de destruir a la nueva generación, y lo vi deseando destruir a mis hijos. Sentí su odio hacia ellos y vi su obsesión por la destrucción metódica: valerse de planes sutiles y astutos para contaminar y destruir el Reino a través de la destrucción de nuestros pequeños. Honestamente, lo que vi no me sorprendió mucho, porque crecí trabajando en el ministerio de niños. Había escuchado innumerables sermones y declaraciones sobre cómo el enemigo deseaba tomar a la próxima generación y destruir nuestra semilla. Ese día, sin embargo, vi algo que nadie me había revelado antes. Vi el punto focal del objetivo del enemigo ese día, y no estaba dirigido solo a mis bebés, sino también a mí como madre. Estaba enfocado en todas las madres, especialmente las madres consagradas. Él las considera un obstáculo para sus planes. Lo vi enviando un ataque tras otro directamente a ellas. Vi a madres envueltas en un manto de depresión mientras alimentaban a sus bebés en casa, madres en sus minivans con frustración en sus rostros y estrés en sus hombros, con los ojos exhaustos y vacíos. Vi a madres llorando (como yo) en las primeras horas de la mañana, luchando contra una soledad tan real que casi podía tocarse. El enemigo las observaba y planificaba su ataque. Su plan era destruirlas de adentro hacia afuera. Quería estresar, deprimir, distraer y desgastar a aquellas que estaban formando a la próxima generación. Las manos de las madres se interponían en su camino, así que se propuso cansarlas y mantenerlas ocupadas con otras cosas para poder abrir una puerta a sus planes destructivos. El Señor comenzó a hablarme de que muchos en el Reino habían comenzado a reconocer el ataque del enemigo contra la próxima generación, pero pocos reconocían la estrategia del diablo. Incluso la Iglesia a veces no se daba cuenta de que muchos estaban bajo un fuerte ataque. El mundo reconoce que la mano que mece la cuna gobierna la tierra, y eso el enemigo lo sabe bien. Por eso él tiene en la mira las manos que mecen las cunas. Está apuntando a las madres de la nueva generación porque sabe que si puede destruirlas y distraerlas, entonces podrá robarles su semilla.

Algo se despertó en mí en ese momento que no puedo explicar completamente. Avivó una lucha en mí que jamás me abandonó. Mientras estaba en el suelo de mi oficina llorando y sintiéndome inútil e indefensa, me di cuenta de que eso que estaba haciendo en ese momento era exactamente lo que el enemigo quería. Eso era exactamente lo que él quería que yo sintiera. Él estaba tratando de destruirme, y estaba haciendo lo mismo con muchas madres alrededor del mundo. Quería desconectarme del propósito que Dios me había dado en el Reino por temor a que criara a mis hijos para que siguieran su destino junto a mí. Temía que yo les diera ese ejemplo. Él tiene miedo de todas las madres que están comprometidas con el Reino y que llevan a sus hijos por ese camino. Como madres, somos una amenaza para él, no porque podemos predicar grandes sermones o viajar como misioneras alrededor del mundo en esta etapa de nuestras vidas, sino porque lo que estamos haciendo tiene el potencial de ser

El Señor comenzó a hablarme de que muchos en el Reino habían comenzado a reconocer el ataque del enemigo contra la próxima generación, pero pocos reconocían la estrategia del diablo.

igual de efectivo, o más, que cualquier cruzada evangelística. Con mi trabajo estoy moldeando la próxima generación en mi hogar. Estoy forjando un arma en mis brazos, silenciosa pero fielmente. Y como madre, estoy dispuesta a luchar hasta mi último aliento moribundo para proteger la semilla que me ha sido confiada. Soy yo la que está de pie entre el enemigo y el futuro. Su estrategia contra mí no era presentarse abiertamente y tratar de arrancarme físicamente a mi hijo. No hay suficientes demonios en el infierno que puedan luchar físicamente contra una madre determinada y protectora que está llena del Espíritu. Su estrategia era astuta y sutil: se llama autodestrucción. Era tratar de entrar en mi mente y mis emociones, y de esa forma afectar a mi hijo. Era distraer mi atención, y de esa forma robarme. Era oprimirme y deprimirme, y evitar así que yo formara un arma de destrucción masiva en mi casa. Era contaminar mi pensamiento, destruir mi identidad, y sacudir mi fe, y de esa forma yo misma llevaría a cabo su plan en mi hijo. ¡Cuando entendí esto, experimenté un despertar! Los niños son de por sí armas contra el enemigo, desde el mismo momento en que nacen. David dijo, y Cristo ratificó que "de la boca de los niños y de los que maman, fundaste la fortaleza, a causa de tus enemigos, para hacer callar al enemigo y al vengativo" (Sal. 8:2, véase también Mt. 21:16). La palabra "fundar" significa "ungir" o "escoger". El día de su entrada en Jerusalén Cristo dijo esto cuando los niños gritaban "Hosanna" en las calles (Mt. 21:15). Su entrada fue precedida por una joven generación de adoradores proféticos que fueron ungidos y escogidos para un momento profético que quedaría registrado para la historia. Ellos silenciaron a los que hablarían con el espíritu del anticristo y desacreditarían a Cristo como el Mesías. Declararon lo que no se podía ver con el ojo físico, sino solo con visión profética. Yo declaro que el regreso de Cristo no será distinto. Cuando llegue su triunfante regreso, será precedido por una generación de adoradores proféticos. Este grupo de niños alzará una voz que silenciará el espíritu del anticristo y declarará la santidad de Dios. Ellos lucharán mediante esa voz, y el enemigo lo sabe. Él conoce el poder de su alabanza, y está decidido a silenciarlos, antes de que ellos lo silencien a él.

Su estrategia es silenciar a esta generación silenciando a las madres. En mis viajes en el ministerio por todo el mundo, nunca había visto tantas madres distraídas con tantas metas y presiones carentes de valor eterno. Muchas madres toman medicamentos para tratar de sentirse nuevamente felices, e intentar vencer la depresión y la ansiedad. En las iglesias veo madres con los ojos llenos de lágrimas caminando por los pasillos y sentadas en los salones de los niños, preguntándose si sobrevivirán alguna vez su situación, y si alguien habrá notado que están allí en la iglesia. Han perdido la alabanza y su canto. Su silencio ha debilitado su capacidad de lucha. Han cambiado su armadura, una vestidura de alabanza, por una vestidura de pesadez y desesperación. Las madres silenciosas modelan y moldean niños silenciosos.

En el ritmo acelerado de nuestra sociedad, a veces hemos sido incapaces de dar el significado y el honor adecuados a quienes realmente están moldeando la sociedad. No son los programas gubernamentales o los programas educativos; ni siquiera los programas de la iglesia los que ejercen una mayor influencia en la vida de un niño. Es la formación de la madre y el padre lo que moldea al niño de forma más significativa. Este libro trata sobre madres que despiertan, sobre guerreras silenciosas. Es un despertador para el ejército que el enemigo más teme: ¡Un ejército de madres llenas del espíritu y orientadas al Reino!

El enemigo puede haber intentado ponerte a dormir, mujer de Dios, pero oro para que la alarma suene tan fuerte en este momento que no puedas ignorarla o presionar el botón para acallarla. Es una alarma que requiere de acción inmediata. Como dice Isaías 52:2, debemos levantarnos y sacudirnos el polvo. Levántate, mujer de Dios, y entiende que tienes la enorme responsabilidad de dar forma a la semilla que te ha sido confiada. Podemos cambiar la sociedad que nos rodea y moldear el futuro del Reino de Dios ayudando a levantar y liberar una generación profética. Podemos formar un ejército que moldee la sociedad sin que la sociedad los moldee a ellos. Sin embargo, nosotras como madres debemos resistirnos primeramente a ser moldeadas por la sociedad.

¿A QUIÉN ESTAMOS CRIANDO EN CASA?

Un niño con una promesa y un destino puede cambiar el futuro de una nación entera. Basta con mirar las vidas de Juan el Bautista, de quien ya hemos hablado, de Samuel, de José, de Moisés, de Sansón...y la lista continúa. ¡Todos fueron armas en la mano del Señor que transformaron naciones enteras para las generaciones venideras! ¿Dónde comenzó la batalla y la victoria? En la obediencia radical y el cuidado de sus madres. La liberación de Israel a través de Moisés realmente comenzó cuando Jocabed, su madre, lo colocó en la canasta (Éx. 2:3). El regreso de Israel a la verdadera adoración de Dios y el cambio en la estructura política de esa nación comenzó con una madre llamada Ana, que rogaba en el altar de Dios por su hijo. La batalla fue ganada el día en que Ana colocó a su valiosa promesa de Dios, el bebé Samuel, en las puertas del templo y se fue con las manos vacías (1 S. 1). La liberación de Israel de los filisteos comenzó realmente cuando a la esposa de Manoa no le importó que se burlaran de ella o si su hijo se enojaba con sus reglas. Nunca le cortaría el cabello ni le permitiría beber el fruto de la vid. Ella lo moldeó, incluso a veces

Este libro trata sobre madres que despiertan, sobre guerreras silenciosas. Es un despertador para el ejército que el enemigo más teme: ¡Un ejército de madres llenas del espíritu y orientadas al Reino!

en contra de su propia voluntad, como Dios le había instruido, para prepararlo para su destino (Jue. 13).

¿Quién está en tu casa, mamá? Hay historias de mujeres registradas en toda la Biblia, de diferentes generaciones, que aparecen allí no porque viajaron por el mundo o tuvieron logros impresionantes, o porque tuvieron importantes posiciones laborales remuneradas. Aparecen en el libro de historia de Dios porque dieron a luz a hijos de destino profético, fueron radicalmente obedientes y tenían claro su papel mientras formaban a sus hijos.

Usted puede estar moldeando el futuro de nuestra nación, incluso cuando cambia un pañal o dobla la ropa. Podría estar afectando a las generaciones venideras o cambiando la dirección del Reino cuando lee la Biblia en la noche a sus hijos y se asegura de que lleguen a la casa de Dios, aun cuando sea difícil. Usted puede estar generando un despertar en el mundo como lo hizo la mamá de John Wesley al compartir tiempo con sus hijos todos los días, formando fielmente su destino, incluso antes de que nadie lo note.

Es hora de que las madres de esta nación nos levantemos y recuperemos lo que hemos permitido que nos quiten. Somos madres del Reino y guerreras ungidas que veremos que los planes del enemigo no prosperarán y que el plan de Dios para la tierra prevalecerá, un niño a la vez. La Palabra del Señor para las madres es: "Levántate, resplandece; porque ha venido tu luz, y la gloria de Jehová ha nacido sobre ti" (Is. 60:1).

> Declaro un despertar a un entendimiento claro del potencial que nos ha sido confiado en esta hora en el Reino. Hemos sido llamadas a ayudar a levantar una generación profética que anunciará el regreso del Mesías. Hemos sido llamadas a formar una generación que proclamará como Juan lo hizo, y que no tendrá miedo de mirar y actuar diferente a como el mundo ve y actúa. Hemos sido llamadas a preparar el camino para el Mesías y ayudar a que su Reino venga en la tierra como en el cielo. Declaro que todo peso que haya sido un impedimento, y que cada engaño que nos haya cegado, tengan hoy su final en el nombre de Jesús. Somos la peor pesadilla del diablo y el arma secreta de Dios; y hoy despertamos a nuestra tarea divina. ❖

Capítulo 2
LAS FLECHAS EN NUESTRA ALJABA

D URANTE LOS PRIMEROS años de mi relación con Dios, realmente quería convertirme en todo lo que Él deseaba y se había propuesto para mí. Oré para que Dios me hiciera un vaso noble, como dice 2 Timoteo 2:20-21 (NVI), no solo para uso común, sino para usos especiales. Me enfoqué mucho en convertirme en un hermoso recipiente para Él, pero en el llamado que Dios había puesto sobre mi vida no parecía haber mucho glamour y belleza. Continuamente parecía estar luchando batallas infructuosas. Mientras mi esposo y yo viajábamos por la nación para predicar, nos sentíamos como en el valle de los huesos secos. Dios parecía enviarnos a lugares difíciles y muertos. La guerra espiritual se convirtió en una parte de nuestras vidas, y las asignaciones que Dios nos daba parecían estar siempre resucitando huesos secos o penetrando densas tinieblas. El hecho de ser una mujer llamada a predicar a veces carecía del glamour que deseaba para mi llamado. Eso produjo una oposición y una extraña sensación en mí que requería de la intervención de Dios. Cada vez que subía al púlpito me decía a mí misma que debía permanecer tranquila y solo "hablar" en lugar de "predicar". Sin embargo, cuando la unción empezaba a fluir, lo menos que podía estar era tranquila. Surgían por sí solas una audacia y una autoridad que no podía contener de una manera glamorosa. La Palabra era como un fuego ardiente en mis huesos, como dijo una vez el profeta Jeremías (Jer. 20:9). De hecho, cuanto más luchaba para conservar mi imagen, más ardía la Palabra dentro de mí. Dios se negó a dejarme encajar en el molde que yo consideraba socialmente aceptable. Él no estaba preocupado por como me viera. Él estaba preocupado por mi completa entrega a su Espíritu para que su poder fluyera a través de mi vida.

Si ser una mujer predicadora no era suficiente, Dios me llamó a intervenir en la injusticia de la trata de personas. El horrible mundo en el que estaba inmersa definitivamente no tenía nada de glamoroso. Era un mundo de guerra y rescate. Era una espesa oscuridad en la que se requería intercesión, ayuno, sangre, sudor y lágrimas para avanzar. Tuve y aún tengo muchas noches sin dormir y desafíos. Mis asignaciones nunca han sido fáciles o glamurosas, y luché con Dios en oración por mi identidad como herramienta o vaso suyo.

LA GUERRERA INTERNA

Tuve una revelación un día en que le pregunté al Señor: "¿Tendré siempre que estar en una batalla? ¿Tendré siempre que enfrentar estos desafíos? Yo solo quería ser un hermoso vaso tuyo.

Dios me dijo: "Deven, yo no te creé solo para que fueras un hermoso vaso; te hice para que fueras un arma en mi mano". Hay una tremenda diferencia entre el propósito de un vaso y el propósito de un arma. Ese día mi perspectiva cambió, y despertó la guerrera dentro de mí.

Los vasos son creados para ser llenados y luego ser vertido su contenido. Pueden ser pulidos, adornados, y agradables para mirarlos y usarlos. Pueden servirnos para refrescarnos. Las armas, por el contrario, están destinadas a proteger y destruir. Están destinadas para la batalla, no para la mesa. Por lo general son sangrientas, sucias y están cubiertas con los residuos de la guerra. Las armas no pasan mucho tiempo de inactividad, y definitivamente no son para colocarlas en un estante. Las armas tienen el propósito de destruir y conquistar. La belleza no es su objetivo. Su prioridad es romper fortalezas y abrir caminos para avanzar. Proteger y avanzar son los objetivos de su creación. Dios estaba corrigiendo el concepto equivocado que yo tenía sobre mi identidad como un vaso de su creación. Él no es solo un alfarero en el torno, como el profeta Jeremías lo vio en Jeremías 18, sino también un herrero que forja el hierro y el metal en una feroz herramienta de batalla. Jeremías 51:20 dice que Jerusalén es un martillo y un arma de guerra. El Señor dijo que haría de Jerusalén un arma en su mano para destruir al enemigo. Él había forjado a su pueblo en un arma en su mano para destruir a aquellos que se le opusieran. ¡Nosotros también podemos ser armas poderosas para el Señor!

Isaías 54:17 es el popular texto que declara que "ninguna arma forjada contra ti prosperará", pero es el versículo 16 el que nos permite saber que el Señor hizo al herrero y al destructor y que está forjando armas para sí mismo. A veces es necesario que el Señor deje la rueda del alfarero y asuma el papel de herrero para cumplir su voluntad en la tierra. Nosotras y nuestros hijos pueden ser esas armas, y eso es lo que nos convierte en guerreros adecuados para la batalla.

Sí, los niños son armas en formación. ¡El Salmo 127:4 dice que los niños son como flechas en las manos de un guerrero! Una flecha no es un juguete, y definitivamente no está destinada a que la pongamos de adorno. Una flecha es una arma diseñada para infligir daño a su objetivo. Es aguda, veloz y mortal. Esta es la imagen que el Señor da al reflexionar sobre el potencial de los niños en el Reino.

Una flecha, sin embargo, es inútil si la dejamos en una mesa o metida en una aljaba. Tiene un potencial inactivo que no puede ser liberado a menos que esté en las manos de un guerrero experto. Solo es tan efectiva como las manos que la disparan. El Salmo 127:4 dice: "Como flechas *en las manos del guerrero* son los hijos de la juventud" (NVI, itálicas añadidas). La flecha no es suficiente por sí sola, a menos que esté unida a un poderoso guerrero. ¿Quién es ese poderoso guerrero? ¡Es usted! Este es el concepto que Dios tiene de nosotras en el reino espiritual. Él puede ver a nuestros hijos como flechas, pero a nosotras nos ve como hábiles guerreras que los guardan en su aljaba. Nuestra casa está llena de un potencial mortal, pero la responsabilidad de liberarlo está en nuestras manos. En la realidad podemos llevar una bolsa de pañales, conducir una minivan y ser expertas vendando raspones. Nuestros vecinos y amigos podrían no identificar la amenaza que realmente representamos, pero el enemigo ciertamente lo hace. En el reino del Espíritu, ese reino invisible en el que Dios opera y los ángeles del Señor se mueven, hemos sido apartadas y ungidas para ser guerreras poderosas. No solo somos las protectoras de la próxima generación, sino que se nos ha confiado la responsabilidad de liberar su feroz potencial. Estamos entre la oscuridad y la luz con un arsenal a nuestro alcance.

Hay una naturaleza guerrera adentro de cada madre. Podemos parecer dulces e inofensivas por fuera, pero nos transformamos si alguien se mete con nuestros hijos. Se activa la naturaleza guerrera que Dios nos ha dado. Sin vacilación alguna, una madre enfrentaría bestias salvajes o a un intruso armado si su hijo es amenazado. El instinto nos haría actuar más allá de la razón en modo guerrero. ¡No subestimemos nunca a la guerrera adentro de nosotras!

El enemigo aún le teme a la semilla de una mujer consagrada.

Así es como Dios ve a las madres del Reino. Cuando Dios hizo a Eva, la primera madre, la llamó "ayuda idónea" (Gn. 2:18). La diseñó para llevar e incubar la perpetuación de la vida y para ser una protectora feroz. La palabra traducida como "ayuda idónea" es el término hebreo *ezer*. Esta palabra no connota una ayudante que planche y cocine, por muy valioso que todo eso pueda ser. Es un término que se aplica a alguien que ayuda en la batalla. *Ezer* es usado veintiún veces en el Antiguo Testamento, ¡dos veces refiriéndose a las esposas, y catorce veces refiriéndose al mismo Dios y a su naturaleza en la batalla![1] Por ejemplo, cuando David clamó: "Alzaré mis ojos a los montes, ¿de dónde vendrá mi socorro?" (Sal. 121:1), la palabra "socorro", es la misma palabra *ezer* que Dios usó para describir a la mujer.

Nuestras responsabilidades domésticas son nobles, pero esa no es nuestra identidad. ¡Dios nos creó antes de que hubiera platos que lavar y antes de que nacieran los primeros bebés! Fuimos formadas y creadas con el patrón de un guerrero en la mente. ¡Nosotras encarnamos el *ezer*, o la naturaleza interventora y auxiliadora de Dios! Debemos unirnos a nuestro cónyuge como compañeros de batalla y protegernos mutuamente la espalda y los puntos ciegos, deben reinar juntos en el dominio del Reino de Dios. Somos guerreras que producen sus propias armas para el Reino. ¡Incubamos, forjamos y lanzamos flechas!

Fue el pecado lo que distorsionó este rol original de mujer y madre, y lo que degradó y aprisionó a quien el enemigo temía: la mujer. La enemistad no sería entre Adán y Satanás, sino entre Eva y Satanás. Satanás temería el fruto del vientre de la mujer. El enemigo aún le teme a la semilla de una mujer consagrada. Él conoce el potencial de nuestra naturaleza guerrera, y oprimirá, confundirá y distorsionará nuestra percepción propia. Él quiere seguir oprimiendo a Eva y ganar dominio sobre sus hijos. Él quiere usar nuestra influencia y nuestra naturaleza ayudadora en favor de su Reino en vez del de Dios. Él quiere que derribemos nuestra casa para él, con nuestras propias manos poderosas y nuestras influencia, porque sabe que nos ha sido dado poder para edificarla (Pr. 14:1).

El Espíritu Santo está llamando a las madres de esta generación a despertar. No podemos permitir que el enemigo siga robándose a nuestros hijos. Debemos despertar la guerrera espiritual dentro de nosotras y pelear la batalla de rodillas. Debemos buscar a Dios en oración y ayuno, y salir de nuestros aposentos con una estrategia para combatir las artimañas del enemigo. Debemos asumir el papel de *ezer* o ayuda idónea, y convertirnos en defensoras de nuestros hogares y matrimonios. Hay una alarma sonando en el Reino que nos está alertando de la batalla. Nuestros hogares son el territorio en disputa, y nuestros hijos el botín de guerra. No podemos quedarnos de brazos cruzados y permitir que nuestra sociedad condicione a nuestros hijos a caer en las trampas del enemigo. Debemos atravesarnos en el camino de la oscuridad y asumir la posición de defensa. ¡Levantémonos y comencemos la lucha!

¿Quién habría pensado alguna vez en una madre o un padre como guerrero? Eso es lo que Dios espera de nosotros como padres: no solo que moldeemos a nuestros hijos como armas en sus manos, sino que seamos guerreros expertos con las armas que Él nos ha confiado. Si actuamos por debajo de nuestro propio potencial, ¿cómo podemos esperar que nuestros hijos alcancen su objetivo? Debemos ponernos en posición y alinearnos con las intenciones divinas, lo cual también posicionará a nuestra semilla. Seguidamente, necesitamos ganar fuerzas para halar del arco; tener visión para ver claramente el objetivo previsto; y lanzar a nuestros hijos hacia el éxito. ¡Queremos que den en el blanco!

ENTENDAMOS EL PECADO

En realidad, la definición final del pecado es fallar. La palabra *pecado* es de por sí un término de tiro con arco. Era un término usado en los torneos de tiro con arco por el juez para indicar que una flecha lanzada por un competidor literalmente no había dado en el objetivo. Este es el concepto de pecado: perder el objetivo de Dios para nuestras vidas. Los actos de pecado que son fácilmente identificables, como la mentira, el engaño, el asesinato, y el adulterio, tienen la misma intención: asegurar que perdamos nuestro destino y propósito.

Si abordamos el pecado de esta manera, y enseñamos a nuestros hijos a abordarlo así, revolucionaremos nuestro punto de vista en este sentido. El pecado no es una lista divina de lo que se debe y lo que no se debe hacer para que Dios pueda castigarnos si rompemos una regla. El pecado y los actos pecaminosos son trampas del enemigo que nos impiden alcanzar nuestro objetivo. Evitar el pecado no tiene nada que ver con legalismo, sino con evadir cualquier cosa que pueda impedirnos alcanzar nuestro máximo potencial.

El pecado es un peso que nos desvía y que frena nuestro avance (Heb. 12:1). El pecado es un obstáculo que nos distrae de permanecer concentradas en nuestra meta como guerreras. Es la kryptonita que nos debilita y que nos convierte en un blanco fácil para el enemigo. Nuestros pecados no solo nos desvían de nuestro propio destino, sino que afectan nuestra habilidad de formar y utilizar nuestras armas. Por lo tanto, nuestras acciones afectan el destino de nuestros hijos. Este es el peso de ser padres. Nuestra vida y nuestras decisiones cotidianas pueden hacer que a nuestros hijos se les facilite seguir a Dios y encontrar su propósito, o que se alejen del Señor y se desvíen del destino que Dios tiene para ellos.

¿Qué puede hacer que una flecha no dé en el blanco? Hay dos razones principales: un tiro defectuoso, o una formación defectuosa. Un tiro defectuoso es responsabilidad del arquero, y no puede atribuirse a la flecha como tal. La responsabilidad de disparar o soltar la flecha está en la habilidad del arquero. Cuando vemos la imagen de un arquero que se prepara para lanzar un tiro de flecha perfecto, vemos claramente, por la posición de los brazos del arquero, que la clave está en la fuerza opuesta. Es el equilibrio de la tensión opuesta lo que crea la fuerza para un tiro eficaz. La flecha queda literalmente suspendida entre fuerzas intensas pero equilibradas que empujan hacia adelante y retroceden al mismo tiempo. Esta es una ilustración perfecta de la crianza de los hijos, ¡especialmente en los padres de preadolescentes y adolescentes! La aparición de una tensión opuesta es a veces una señal de que la liberación está cerca.

En las primeras etapas de la crianza, nuestros niños son como flechas que están siendo formadas y forjadas para cumplir sus tareas. Como padres estamos ahora ganando la fuerza y el conocimiento necesarios para el momento de liberar esas flechas.

¿Por qué liberarlas?

No solo estamos siendo condicionados para el momento de liberarlas, sino que también estamos condicionando a nuestros hijos para ese momento. Esto es algo que parece ser siempre más difícil para el padre que para el niño. Llega un momento, una etapa, en que la flecha ha sido moldeada, y la liberación es inevitable, se acerca rápidamente. Esto ocurre cuando la flecha es quitada de la mesa de trabajo y colocada en la aljaba, donde queda lista, y comienza la cuenta regresiva. En este intenso pero corto período de preparación, el arquero está en la búsqueda y ubicación del objetivo deseado, y alinea la posición de la flecha. Qué momento tan increíblemente emocionante, pero sereno, es cuando, como arqueros en el espíritu, podemos finalmente ver el objetivo y comenzamos a posicionar la punta de la flecha en dirección a su destino. Nosotros no determinamos el objetivo, pero debemos permanecer sensibles al Espíritu Santo para que él nos lo señale. Nuestro trabajo consiste en darle la fuerza y la dirección necesaria para soportar el viaje y mantener la velocidad necesaria desde nuestro arco hasta el objetivo. Esta fuerza solo se obtiene del equilibrio de la tensión opuesta: empujando hacia adelante y tirando hacia atrás al mismo tiempo. Así es el desafiante acto de equilibrio de criar a un joven adulto en desarrollo.

Empujamos hacia adelante cuando damos más confianza, más capacidad de toma de decisiones, más libertad y más oportunidades a nuestros hijos para operar en sus propios talentos y dones, independientemente de nuestra guía. Empujarlos hacia adelante les permite abrir sus alas en los límites de nuestro amor, cuidado y protección. Empujarlos hacia adelante es verlos experimentar las consecuencias positivas y negativas de sus actos sin nuestra intervención inmediata. Empujarlos hacia adelante es permitirles tomar decisiones, incluso malas, dentro de nuestro ámbito de protección. Comenzamos a empujar la flecha para ver cómo podría volar en solitario. A este acto de amor se le conoce como "contención". Tenemos que dar un paso atrás como madres y permitir que nuestros hijos se esfuercen un poco en su propia vida dentro de nuestro ámbito de seguridad. Este el principio de la mariposa. El esfuerzo para poder liberarse del capullo es lo que les da a sus alas la fuerza necesaria para volar. Si alguna vez hemos observado este proceso, podemos sentir la enorme tentación de cortar el capullo y facilitarles las cosas, pero debemos recordar que no siempre lo más fácil es lo mejor. Este esfuerzo de nuestros hijos puede ser difícil de contemplar, pero es positivo y aleccionador.

Para consolar un poco a las madres de adolescentes, les cuento que cuando la mariposa está en el proceso de transformación de oruga a mariposa, pareciera que pierde la cabeza. ¡De repente suelta la cápsula de la cabeza! Creo que cada adolescente pasa por el proceso de casi perder la cabeza en el crecimiento espiritual y en su desarrollo, y como padres, ¡esto casi nos hace perder la cabeza a nosotros! No solo los cerebros físicos de los adolescentes pasan por muchos cambios químicos, sino que sus procesos de pensamiento también cambian de continuo. Comienzan a cuestionar el mundo que los rodea, e incluso la fe que les inculcamos desde pequeños. Esperan comenzar a conocer a Dios como su propio Dios, y no solo como el Dios de sus padres. El Señor mismo comenzó esa relación cara a cara y directa con Moisés en la zarza ardiente (Éx. 3). Le dijo a Moisés que había sido el Dios de sus antepasados, pero que también era su Dios. Esta es una parte importante del empuje que les damos. Debemos permitir que nuestros hijos encuentren su zarza ardiente, aunque tengan que vagar solos por la montaña. Debemos dejar que luchen con Dios y que avancen en su propio camino de obediencia. Deben trabajar su propia salvación con temor y temblor (Flp. 2:12). Ellos no pueden agarrarse de nosotros en su camino al cielo, así que parte de la liberación consiste en ayudarlos a encontrar a Dios por sí mismos. Empujarlos hacia adelante implica dejar que nuestros hijos "pierdan su mente" para ganar la mente de Cristo.

Al mismo tiempo, llegamos a un punto en el que debemos equilibrar tirando hacia atrás. Esto lo hacemos ofreciéndoles nuestra dirección, intervención y tutoría. Tirar hacia atrás significa ayudar a nuestros hijos a darse cuenta de que la confianza conlleva responsabilidades, y que fracasar en esas responsabilidades equivale a perder libertades y privilegios. Es intervenir cuando sus decisiones tienen consecuencias muy negativas, y no permitir que arruinen sus vidas con decisiones inmaduras o impulsivas. Tirar hacia atrás es tener expectativas acordes al nivel de madurez y la capacidad de toma de decisiones de nuestros hijos, y darles una libertad limitada. Al tirar hacia atrás, no podemos tener miedo de ponerles límites cuando sea necesario, y de actuar como padres más que como amigos. Tirar hacia atrás no siempre es agradable para ellos, pero esta intervención puede impedir la autodestrucción en la vida de un adolescente. Los límites nos dan una sensación de seguridad y son una señal de que aún los mantenemos dentro del rango de nuestro arco. Ciertamente, cuando se trata de escoger buenas amistades o de comportamientos autodestructivos, los adolescentes no siempre saben lo que es mejor, y muchas veces necesitan del duro amor de un padre. Ellos pueden mostrarse muy apasionados y convincentes, e incluso manipularnos con sus sentimientos, haciéndonos creer con todo su corazón que tienen la razón. Tirar hacia atrás es algo que no siempre nos agradecerán, y que definitivamente no entenderán al momento, pero es una responsabilidad que Dios nos ha confiado como padres. Tirar hacia atrás es algo que por muy desagradable que les parezca, es necesario.

Durante este tiempo de tensiones opuestas, de empujar hacia adelante y tirar hacia atrás, la flecha queda suspendida en la mitad. La flecha queda entre ambas fuerzas, y tanto el arquero como la flecha pueden sentir la fuerza que empuja hacia adelante para liberarla, y la fuerza que tira hacia atrás para equilibrar el tiempo y la madurez hasta el momento correcto. Esta tensión requiere de más fuerza y paciencia, pero produce el impulso necesario para que la flecha pueda alcanzar el objetivo. Es una etapa que desvela todos los años de entrenamiento, oración, siembra e inversión. La etapa de la adolescencia no es solo un tiempo de siembra en la crianza de los hijos, sino también una temporada de inspección de los frutos. Como padres, en esta etapa podemos sorprendernos por los frutos que aparecen, algunos negativos y otros positivos, que revelan la semilla sembrada en la vida.

Las exigencias de la crianza son mayores en esta temporada. Algunos padres enfrentan el desafío del cansancio y les resulta difícil soportar la lucha. Optan por disparar demasiado temprano, o aguantar demasiado tiempo. Pueden optar por desentenderse completamente y permitir que la flecha caiga al suelo debido al cansancio. Como madres, debemos condicionarnos para este momento, pero la fuerza requerida solo podemos obtenerla de una fuerza interior dada por el Espíritu Santo. No hay un patrón a seguir para la crianza exitosa de un adolescente. La estrategia necesaria puede ser tan única como la persona que estamos criando. Requiere de amor incondicional, tiempo y atención continuos, y de una comunicación constante con el Padre celestial. Para algunos, se requiere el tipo de amor de la historia del "hijo pródigo". Para otros, se requiere de voluntad para no ser siempre mejores amigos, sino los mejores mentores; requiere de fuerza para confiar, pero también para proteger; de fuerza para confiar en Dios para el equilibrio de empujar y de tirar, y esperar que Él nos indique el momento de la liberación. Para algunos es aprender a contenernos con amor, a no intervenir cuando nuestro corazón esté gritando para que arreglemos todo. La fuerza de la guerrera recibe su mayor prueba cuando demuestra su capacidad de estirar el arco y esperar el momento de la liberación.

La orden de Dios de soltar la flecha podría no darse en el momento más conveniente o sensible para nosotras. Sin embargo, debemos confiar en Él. Elisabet, la madre de Juan el Bautista, no pudo haber estado lista para permitir que su hijo vagara por el desierto. Es posible que Ana no estuviera lista para dejar a Samuel en la puerta del templo. Jocabed seguramente lloró cuando colocó a Moisés en la canasta junto al río. Estoy segura de que estas decisiones no deben haber tenido sentido para las otras madres que las rodeaban. Estoy segura de que estas madres estuvieron en las bocas de muchos y fueron ridiculizadas. Sin embargo, solo Dios sabe cuándo nuestros hijos están listos, y nuestra interferencia con su tiempo puede dañar su habilidad de alcanzar el objetivo. El momento de lanzar a cada niño es tan único como su propósito, y compararlo con otros o usar el razonamiento humano no siempre estará en sintonía con los planes del Señor. De hecho, ¡fue el razonamiento humano contra las directrices del Señor lo que causó la caída del hombre e hizo que los primeros seres creados perdieran el rumbo! Debemos recordar que nuestros caminos no son sus caminos, y que sus pensamientos son mucho más elevados que los nuestros (Is. 55:9). Escuchemos su orden de liberar la flecha, y respondamos de la manera en que hemos criado a nuestros hijos, demostrando una obediencia inmediata, completa y radical. Esto es lo que se necesita para ser una madre del Reino. La obediencia es la clave más importante del éxito.

ARMADOS CON UN GRAN POTENCIAL

El momento más difícil e incierto tanto para el arquero como para la flecha (el padre y el hijo) es cuando la tensión ha creado la fuerza necesaria, la flecha ha sido alineada, y finalmente es liberada de la seguridad del arco hacia el aire. La flecha sale disparada de la mano del arquero en dirección a su blanco. Se desplaza a una velocidad muy rápida y potencialmente peligrosa. En ese momento crítico, los padres ya no tenemos el control. Todo queda entre el Señor y nuestro amado hijo. Lo único que podemos hacer es contener la respiración, esperar, ver y orar.

Cuando la flecha es liberada del arco, literalmente ondea en el aire debido a la fuerza de la liberación, flexionándose en su eje. No obstante, si la flecha ha sido formada correctamente, se enderezará y retomará su forma, y viajará en la dirección a la que ha sido dirigida. Esto le da un nuevo significado al versículo: "Instruye al niño en su camino, y aun cuando fuere viejo no se apartará de él" (Pr. 22:6). La palabra "instruye" connota la idea de formar al niño, y "en su camino" se refiere a la dirección a su objetivo. Si les hemos dado la formación necesaria desde pequeños, se nos ha prometido que, aunque el viento sople, o aunque la fuerza de la liberación afecte a la flecha, esta volverá a su forma original. "Aun cuando fuere viejo" es un recordatorio de que, aunque no retome su forma original de inmediato, o de que haya algunas vacilaciones y tambaleos, continuará en el rumbo que le ha sido trazado.

La ondulación de una flecha física dura solo unos pocos instantes, pero que son como una eternidad en la que pareciera que la flecha perdiera toda estabilidad. En ese momento, todo depende del viento. Esos pocos milisegundos revelan toda una vida de entrenamiento y acondicionamiento, tanto del arquero como de la flecha. Lo mismo ocurre en el ámbito espiritual. Cuando el Señor nos indica que liberemos a nuestros hijos, no los estamos liberando para que vayan solos por la vida. Los estamos liberando al Espíritu Santo. Él es el viento. Nuestras flechas viajarán sobre el viento del Espíritu, y Él las mantendrá encaminadas. El Espíritu Santo es el que los dirige y los impulsa. Él guiará a nuestros hijos y los llevará a toda verdad (Jn. 16:13). Así como Cristo dejó a sus discípulos en la mano del Espíritu Santo, nosotros como padres debemos hacer lo mismo. Dios liberó a su único Hijo en el mundo para que alcanzara su objetivo, así que Él entiende bien las emociones que conlleva hacerlo. Dios no nos pide que los abandonemos o que no los apoyemos, como dijo Cristo en Juan 14, sino que los dejemos en las manos del Espíritu Santo, y que escuchemos sus instrucciones para ellos. Hacemos todo lo que podemos como padres, y luego debemos confiar en la dirección del viento. Confiemos en el Espíritu Santo y en lo que hemos sembrado, y experimentemos la etapa de su liberación con una paz sobrenatural.

Como madres y arqueras espirituales debemos estar claras del peligro de no dar en el blanco. Si estamos desenfocadas o no podemos ver claramente el objetivo, ponemos nuestras flechas en peligro. Podría haber obstrucciones o distracciones, o podríamos estar apuntando en una dirección completamente equivocada. Podemos tener la mejor flecha y el brazo más fuerte, pero si apuntamos en la dirección incorrecta, dar en el blanco ni siquiera será una posibilidad. De hecho, podríamos perder completamente el objetivo y hacer que nuestro hijo se convierta en una flecha perdida.

Tenemos que recordar que estas flechas son un regalo de Dios, no son nuestra posesión. Él tiene el manual de instrucciones para su crecimiento y éxito. Abba lo sabe mejor.

Como pastora, veo a muchos jóvenes alejadísimos de los planes de Dios para sus vidas porque su arquero solo pensó en su agenda personal. Los padres apuntaron en la dirección opuesta al lugar que Dios había preparado para el joven porque no se entregaron a la dirección del Espíritu Santo. Esto ocurre mucho con los hijos de pastores o de padres involucrados en el ministerio que intencionalmente los alejan de la obra del Reino o los obligan a participar, dependiendo de su propia experiencia personal. Olvidan buscar al Señor para que Él dirija a sus hijos. Estas señoritas y caballeros pierden el rumbo en algún lugar entre el arco y el objetivo, pasando la mayor parte de sus días buscando un propósito en lugar de cumplirlo. Como madres, debemos eliminar nuestra agenda personal en la crianza y la liberación de nuestros bebés. Debemos recordar que son hijos de Dios antes que hijos nuestros. Nosotras no hacemos el objetivo; simplemente soltamos las flechas. Nosotras no escribimos el libro de su vida, simplemente pasamos las páginas. A veces es difícil discernir entre los planes de Dios y nuestros propios sueños para nuestros hijos, pero vivir una vida de entrega diaria ante el Señor y permanecer en su Palabra marcará la división entre lo que proviene de nuestro corazón y lo que proviene del Espíritu. Debemos estar atentas a las intenciones de nuestros hijos e identificar los dones y deseos que Dios ha puesto en ellos, aunque esos deseos y dones no coincidan con los nuestros o no nos hagan sentir satisfechas. Una flecha fuerte en las manos de un guerrero cansado no llegará muy lejos. Una flecha afilada en las manos de un guerrero ciego o distraído no penetrará en el blanco. Una generación profética en manos de un padre, una madre, o un mentor débil, distraído o desmotivado, no tendrá éxito contra el reino de la oscuridad. Tenemos que recordar que estas flechas son un regalo de Dios, no son nuestra posesión. Él tiene el manual de instrucciones para su crecimiento y éxito. Abba lo sabe mejor.

Como madres, debemos darnos cuenta de que poseer estas flechas nos convierte en una amenaza potencial para el enemigo, aunque cuando nos miremos en el espejo lo veamos o no. El enemigo ve a alguien armado con potencial. Sin embargo, solo porque las flechas nos identifiquen y nos den la apariencia de guerreras no significa que estamos calificadas para ser guerreras. Debemos primero vivir una vida apasionada por Dios y su Reino. Debemos someter nuestra vida diariamente al entrenamiento necesario para ser guerreras hábiles en el Reino de Dios. Debemos ser fuertes, vigilantes, sobrias y enfocadas. No podemos darnos el lujo de andar soñolientas, de ser complacientes, o de ser perezosas. Debemos permitir que el Espíritu Santo entrene nuestras manos para la guerra y nuestros dedos para la batalla (Sal. 144:1), y luego modelar este entrenamiento ante nuestros hijos. Esta estrategia la obtenemos directamente de una constante comunicación con Dios en oración e intercesión. De esa forma recibimos el plan de batalla y somos afiladas como guerreras. La forma en que conducimos nuestra propia vida puede hacer que las flechas en nuestra aljaba puedan ser fieras y peligrosas, o defectuosas e ineficaces. No seamos lo que impida que nuestra flecha llegue a su destino. Seamos la fuerza detrás de su propósito y la propulsión hacia su destino. Somos unas guerreras, mujeres de Dios. ¡Despertemos a la misión que tenemos por delante y estremezcamos el reino de las tinieblas con las flechas que recibimos!

Declaro un despertar en ti, Madre; un despertar de la apatía, de la complacencia y de la somnolencia espiritual. Declaro una restauración del plan original de Dios sobre ti, y rompo todas las mentiras que el enemigo ha utilizado para atarte y evitar que asumas tu lugar en el Reino. Ruego que el guerrero dentro de ti se levante y que tus manos cimenten tu casa para resistir cada tormenta del enemigo. Tus dedos han sido entrenados para la batalla, y Dios te dará el poder para liberar a tus hijos hacia el destino en el Reino. ❖

Capítulo 3
LIBERADAS PARA LIDERAR

>>>*+————————*>

Nosotras somos líderes, porque todas las madres están destinadas a serlo. Por definición, un líder es alguien guía, especialmente al avanzar. Incluso puede significar llevar a alguien en una dirección tomándolo de la mano. Esta es una imagen común, algo que las madres hacen a diario con sus hijos: llevarlos de la mano. Sus manitas siempre buscan las manos de su madre para que los dirija. Ocurre en el mundo espiritual como en el físico. Ellos buscan a alguien, a nosotras, para que los dirija mientras crecen. Pero, ¿a dónde? ¿A que lugar los llevaremos?

El significado de la maternidad

Personalmente, creo que las madres son las líderes más importantes de nuestra nación y del mundo. El poeta estadounidense William Ross Wallace dijo: "La mano que mece la cuna es la mano que gobierna el mundo".[1] Creo que Wallace fue muy sabio al reconocer la importancia de la maternidad y la capacidad de las madres para influir en el mundo, incluso desde los límites del hogar. Mientras que algunos líderes dirigen negocios, fusionan empresas, o inician proyectos de construcción, las madres están dirigiendo al grupo más importante y valioso de esta nación: la próxima generación. No necesariamente recibiremos un pago por lo que hacemos, y probablemente nunca obtendremos un premio por nuestro liderazgo o nuestros logros, pero debemos tener la seguridad de que el cielo sabe la importancia de las que estamos formando a la nueva generación de niños y niñas. Y el infierno también lo sabe. El enemigo conoce el poder de la influencia de una madre consagrada, y es por ello que ha elegido atacar tan fieramente a las madres. Estamos sosteniendo el futuro de la nación y del Reino en nuestros brazos. La etapa más moldeable en la vida de un niño va desde el nacimiento hasta los cinco años. Durante los primeros cinco años de programación y aprendizaje, ¿quién es la persona que está más cerca del niño? ¡La madre! De hecho, ¡en los tiempos bíblicos era normal que los niños no fueran destetados sino hasta los cinco años![2] Esta importante etapa está diseñada intencionalmente para que los niños desarrollen una conexión muy íntima con su madre, que es su mayor influencia y su líder. Por eso fue que Moisés nunca se inclinó hacia Egipto, y que Samuel nunca se inclinó a la corrupción religiosa. Desde el nacimiento hasta el destete—los años más formativos de sus vidas—, estuvieron cara a cara con sus consagradas madres. Las semillas plantadas durante esos años nunca pudieron ser arrancadas por el hombre o Satanás. Por algún motivo creemos que Satanás se despierta todos los días para atacar a los líderes mundiales, a los telepredicadores, o a los principales líderes de la iglesia. Yo me he dado cuenta, sin embargo, que él ha puesto en marcha un férreo ataque dirigido a aquellas que más amenazan a su reino de oscuridad: las madres del Reino de Dios que están llenas del Espíritu.

ASUMAMOS NUESTRA IDENTIDAD

La mañana que estuve alimentando a Zion en mi oficina, no solo me despertó el llanto de mi hija para avisarme que tenía hambre: la visión que Dios me dio ese día también me despertó en el espíritu. Dios comenzó a poner mi casa en orden, empezando por mí. Primeramente se dirigió a mí como su hija. Me puso de rodillas en la visión, y comenzó a revelarme la plenitud de su llamado para mí. A las cinco y media de la mañana, cuando el mundo estaba durmiendo, Él no lo estaba.

Él se fijó en mí y escuchó mi súplica, y confirmó su llamado en mi vida.

Lo que vi en el Espíritu va más allá de lo que puedo revelar en las páginas de un libro, y es mucho mayor de lo que mis manos podrían llegar a lograr. Toda verdadera visión de Dios siempre será más grande que lo que podemos lograr por nosotros mismos. Vi el cumplimiento de lo que estoy empezando a ver ahora en el ministerio del Proyecto Zion. Mi misión y unción es ver a mujeres agobiadas ser liberadas y capacitadas por el Espíritu, tanto a nivel espiritual como material. Cuando tuve la visión, me atemoricé. Miré a mi hija, y le dije al Señor: "¿Cómo, Señor? ¿Cómo voy a hacerles esto a mis hijos? Yo no los voy a abandonar, yo no les voy a fallar. No puedo hacer todo esto". El Señor me llevó a las palabras de Mateo 10:37–39: "El que ama a hijo o hija más que a mí, no es digno de mí [...]. El que halla su vida, la perderá; y el que pierde su vida por causa de mí, la hallará". Mirando a mi hija, me entregué de nuevo a mi Señor. Mis hijos y mi familia no podían llegar delante de él. Yo tenía que amarlo primero.

Él me dijo que mi identidad no podía limitarse simplemente a ser madre. Mi primera identidad era como hija suya. Si yo era una hija obediente y fiel a Él, sería la madre "perfecta" que estaba tratando de ser. Él me hizo entender ese día que si lo buscaba primero y lo amaba primero, Él cumpliría su palabra. Si buscaba su Reino en primer lugar, todo lo demás me lo daría por añadidura (Mt. 6:33). Si lo ponía en primer lugar, Él se haría cargo de mis bebés.

En ese momento entendí que había comenzado a perder mi identidad como hija de Dios en mi identidad como madre. Mis hijos me necesitaban para cocinarles, vestirlos, y ser una excelente madre; pero también necesitaban verme amando y obedeciendo a mi Padre. Si todos mis esfuerzos los ponía en ser madre, fallaría. Sin embargo, como su hija tendría la ayuda de Dios para ser madre. Su gracia abarcaría más de lo que mis esfuerzos podrían cubrir. Ese día me comprometí a una obediencia radical a Él y a su llamado en mi vida, por muy difícil que pudiera parecerme como madre. Dios había sido fiel a su Palabra, a mi familia y conmigo. Lo único que tenía que hacer era obedecer, y Él hizo mucho más de lo que yo podría haber logrado por mi cuenta. La obediencia posicionó nuestro hogar para recibir una bendición sobrenatural. Más que un pan casero y una casa absolutamente limpia, mis hijos necesitaban ver mi pasión por el Reino para que ellos pudieran unírseme en el cumplimiento de mi destino. A mí me encanta dar rienda suelta a mis habilidades domésticas, pero cuando es Dios el que llama, no me importa dejar mi perfeccionismo a un lado y darle prioridad a su Reino. ¡Y le pido a Él que mis hijos puedan hacer lo mismo!

¡El Reino de Dios está en nuestra casa!

Dios no solo me puso en mi lugar como hija y me hizo entender que tenía que poner un poco a un lado la crianza obsesiva, sino que también corrigió mi identidad como madre. Me reveló las mentiras del enemigo que yo me había tragado con todo y anzuelo. Dios estaba al tanto de mi vida, y el mundo no me estaba pasando por encima como yo creía. ¡El Reino de Dios se estaba desenvolviendo en mi casa! El cielo me estaba viendo y consideraba mi misión diaria como muy valiosa. Dios comenzó a trabajar conmigo a través de mujeres de las Escrituras cuyo nombre resalta en la Biblia, no debido a su éxito en los negocios o su éxito en el ministerio, sino a su obediencia como madres. Estas mujeres cambiaron literalmente naciones y dejaron una marca eterna en el Reino porque cada una dio a luz a un niño profético y siguió las instrucciones del Señor en la crianza de ese regalo del cielo. No se dejaron llevar por la opinión popular o por lo que todas las demás madres estaban haciendo. Escucharon al cielo y obedecieron, y debido a ello hicieron historia.

Dios valora la maternidad y ve a cada madre como una líder Reino y como un vaso ungido. Él está ahí cada vez que nos levantamos a alimentar al bebé y a cambiarle los pañales. Él se preocupa por nuestros cambios de temperamento y en la depresión posparto. Descubrí que el Espíritu Santo está conmigo en mis labores diarias como madre ayudándome a moldear armas peligrosas contra el reino de la oscuridad. Mi casa no es una prisión, sino un arsenal de los ejércitos del cielo. Soy un fabricante de flechas, no un débil eslabón en la sociedad. El enemigo me mintió para tratar de intimidarme. Trató de disminuirme porque estaba aterrado de mí. Él sabe que

Si lo ponía en primer lugar, Él se haría cargo de mis bebés. Mis hijos me necesitaban para cocinarles, vestirlos, y ser una excelente madre; pero también necesitaban verme amando y obedeciendo a mi Padre.

históricamente su enemigo más temido son las madres, y trabajó arduamente para asegurarse de que yo nunca me enterara de eso. Esta es la estrategia de Satanás. Madres deprimidas, engañadas y disminuidas producen niños deprimidos, engañados y disminuidos. A donde se dirige la madre, los niños van. Satanás me estaba atacando a mí y a las madres consagradas a lo largo del mundo con el propósito de herir y derrotar a la próxima generación de voces proféticas. Ese día fui liberada y recibí la verdad de mi asignación.

Mis hijos no son un estorbo en el camino de mi vocación, sino que forman parte de ella. Han sido ungidos con su padre y conmigo para cambiar al mundo con el mensaje del Reino. Una vez que entendí esto, nuestra casa se convirtió en un campo de entrenamiento santo, y comencé a aprovechar cada momento para formar a mis hijos y transformar el mundo que los rodea. Ellos tienen un potencial enorme, y mi trabajo consiste en desbloquearlo y liberarlo. ¡Ese día decidí que podía cambiar el mundo desde mi sala y desde la mesa de la cocina!

UN LLAMADO Y UN DESTINO MUTUO

El Señor me instruyó a exponer esta asignación del enemigo, a fortalecer a las madres del Reino, y a acabar con el engaño del enemigo. Él desea fortalecer a las madres, acabar con el engaño y el miedo, y a armarlas con la estrategia para la batalla. Él cambió mi enfoque, no solo hacia la próxima generación, sino también hacia los líderes de la próxima generación. Me instruyó a renovar la intimidad de la oración entre las madres, y a formarlas para que ayunen, oren y sigan la dirección del Espíritu Santo. Me pidió que adiestrara mis oídos para oír y mi corazón para obedecer.

Nuestras mayores armas son la oración y la obediencia radical. ¡No creamos la mentira del enemigo o experimentemos la depresión que produce su mentira! El cielo nos ve, y el cielo está de nuestro lado. ¡Somos una fuerza a tener en cuenta! Sigamos a Dios y a su Reino, y nuestros hijos harán lo mismo. Pero no corramos para que ellos nos sigan, ¡tomémoslos de la mano y llevémoslos con nosotras! Este es un asunto familiar. Desde los tiempos del Antiguo Testamento hasta hoy, la familia del sacerdote ha ayudado en el servicio del templo. ¡Nosotras y nuestros bebés hemos sido ungidos para este momento! El Espíritu Santo nos dará la capacidad para llevar a cabo la tarea y no vivir abrumadas. Estamos en el frente de batalla en el Reino en este momento, aunque el enemigo no quiera que nos demos cuenta de ello. La lucha que hemos soportado y la presión a la que hemos estado expuestas no son un mero asunto hormonal o emocional. Hay un elemento espiritual que hemos estado experimentando. No es posible luchar la batalla espiritual con armas carnales, así que debemos sacar la armadura espiritual que el Señor nos ha proporcionado. Ningún medicamento puede corregir la perspectiva o borrar las mentiras del enemigo. Solo el poder del Espíritu Santo puede realmente liberarnos y darnos el enfoque correcto.

En Mateo 21:2 nos encontramos con el conocido pasaje en el que Jesús se prepara para entrar a Jerusalén en lo que históricamente llamamos Domingo de Ramos. Fue un día profetizado en las Escrituras, e incluso es descrito perfectamente en Zacarías 9:9. El Mesías entraría en Jerusalén en una humilde asna y el pueblo lo declararía

Nuestros hijos nos siguen dondequiera que los llevamos, bien sea a la libertad en Cristo, o la servidumbre del enemigo.

Mesías. En Mateo 21:2 vemos a Jesús dar instrucciones a sus discípulos para que escojan el vehículo en el que cabalgaría. Les dijo: "Id a la aldea que está enfrente de vosotros, y luego hallaréis una asna atada, y un pollino con ella; desatadla, y traédmelos". Toda mi vida supe que Jesús montó en una asna. Había visto esta escena de Jesús entrando victoriosamente en Jerusalén sobre ella en las películas una y otra vez. Pero nunca me había fijado en que es una representación fiel de lo que el texto de la profecía de Zacarías 9:9 declara, y lo que Mateo 21 revela, hasta hace poco. Jesús no entró únicamente con el asna; también iba un pollino. Esta es una ilustración perfecta del concepto del liderazgo otorgado a la madre. Ambos tienen una vocación común y un destino común. Jesús mandó a buscar una asna, y también a su bebé. Los llamó a los dos. Su destino se entrelazaba. Uno no estaba entorpeciendo el camino de la otra, porque ambos eran necesarios para el cumplimiento.

En este caso, la madre probablemente era propiedad de alguien por motivos de trabajo o de transporte, y era atada a diario. El pollino nació en el cautiverio de su madre, y era propiedad desde su nacimiento del mismo dueño. El pollino nunca conoció el concepto de libertad. A pesar de que la madre y el pollino estaban atados, me pregunto si la cuerda era necesaria para el pollino. Debido a su apego a su madre y a los límites de su propia movilidad, ¿no habría el pollino asumido su cautiverio con o sin la cuerda? Dado que el pollino veía a diario el modelo de servidumbre de su madre, su cuerda era más mental que literal. Era emocional y formaba parte de su herencia. En lugar de una herencia positiva, como normalmente pensamos, estaba heredando el cautiverio. Durante tanto tiempo el potro fue amamantado junto a la cuerda, durmió junto a la cuerda, y vivió junto a la cuerda de su madre, que se convirtió en su propia cuerda. Era la única realidad que él conocía.

Si los discípulos no hubieran soltado a la madre, el pollino jamás habría sido libre. Yo estoy convencida de que si hubieran liberado al pollino, pero no a la madre, el pollino se habría quedado con ella mientras permanecía en cautiverio. Este es el concepto del liderazgo maternal. Nuestros hijos nos siguen dondequiera que los llevamos, bien sea a la libertad en Cristo, o la servidumbre del enemigo. Ya sea para el destino al que fueron creados, o para la prisión que el enemigo ha diseñado para ellos, el llamado del Padre involucra tanto a la madre como al niño, y los dos son difíciles de separar. ¿A dónde estamos llevando a nuestros hijos? ¿Qué cuerda les estamos enseñando que adopten? Fue necesario soltar a la madre para darle la libertad y un destino al pollino.

¿CUÁL ES NUESTRA "CUERDA"?

Una noche me senté en una clase de madres e hice esta pregunta: "¿Cuál es su cuerda? ¿Qué es esa cosa en su vida que la mantiene pegada al poste y que le impide seguir el llamado de Dios? ¿Hay algo que la hala hacia atrás cada vez que intenta avanzar hacia Cristo?". Lágrimas comenzaron a rodar por las mejillas cuando comenzaron a reconocer la esclavitud que muchas estaban experimentando desde hace mucho tiempo en sus vidas. Miedos, inseguridad, adicciones, abuso y ansiedad fueron las cuerdas identificadas esa noche. A veces nos sentimos satisfechas lidiando con nuestras limitaciones o tratando de ignorarlas, esperando que nadie se dé cuenta de nuestras cuerdas. A veces nos conformamos con vivir en esa situación, y nos negamos a tomar el tiempo para enfocarnos en nuestras propias necesidades, hasta que miramos a nuestro lado un día y nos damos cuenta de que nuestros hijos están adoptando la misma esclavitud, nuestra mentalidad, nuestros miedos, nuestras inseguridades y nuestras adicciones. Nos están siguiendo al mismo confinamiento en el que nosotras estamos. El enemigo no tiene que esforzarse mucho para atrapar a nuestros hijos en esos casos, porque nosotras hacemos el trabajo por él modelando nuestras cuerdas delante de ellos. Modelamos esclavitud, y en consecuencia ellos van hacia la esclavitud.

No nos desanimemos. ¡En esta historia hay esperanza! Esa esperanza es Cristo, y su voz nos está llamando. Y cuando Él nos necesita, ¡no hay cuerda o amo que pueda interponerse en nuestro camino! No importa cuántos días o años la madre asna y el pollino habían vivido en esclavitud; Jesús los vio ese día y tuvo necesidad de ellos. Ese hecho lo cambió todo. Él envió por ellos y dio autoridad a sus discípulos para liberarlos y llevarlos a su lugar de destino. Del mismo modo, ¡Jesús nos necesita a nosotras y a nuestros bebés! El poste en el que estamos atadas no es nuestro destino final, y el enemigo ya no es nuestro amo. ¡En el nombre de Jesucristo, declaro hoy que todas las cuerdas que nos atan serán soltadas! Él nos necesita. El Reino nos necesita. Fuimos llamadas para un propósito mayor que ser prisioneras del enemigo, y nuestro hijo tiene un propósito mayor que repetir los ciclos que nos han mantenido en esclavitud. Él nos está llamando a los dos, y es el momento de cortar la cuerda de una vez por todas. Es el momento de llevar a nuestro hijo a Dios.

Cuando la madre fue liberada, ella tuvo que estar dispuesta a ser conducida, pero no por su antiguo amo, sino por los que estaban siguiendo la voz de Cristo. Ella fue llevada a Él, y su hijo la siguió. Por primera vez el hijo o la hija vio a la madre bajo un nuevo liderazgo y sin el poste. Era un nuevo camino que daría lugar a un nuevo futuro. La madre siguió a Cristo, y el bebé se encaminó a una cita divina y un cumplimiento profético. Cuando la madre encontró la libertad, el bebé encontró su destino. El techo de la madre se convirtió en el piso de su hijo, y el pollino se convirtió en el vehículo del Mesías en el que Jerusalén lo vería. La asna y el pollino fueron seleccionados en su esclavitud para ser liberados para un extraordinario propósito que estaba escrito antes de que cualquiera de ellos naciera. La Palabra los encontró, la Palabra los liberó, y la Palabra no regresó vacía, ni en esta historia, ni en la nuestra (Is. 55:11).

No tenemos que estar atadas un solo día más en ese poste. En este momento podemos ser libres. Podemos comenzar una nueva historia para que nuestros hijos y nietos hereden libertad y no esclavitud, para que sigan el camino de la vida y no el de la esclavitud del pecado. Hemos sido liberadas para liderar.

Declaro esta libertad hoy sobre usted, y corto cada cuerda del enemigo en el nombre de Jesús. Declaro que cada cuerda generacional que usted ha aprendido no sea traspasada a sus hijos. Declaro que los ciclos que la han mantenido atada finalicen hoy, cuando la verdad ha producido liberación. Declaro el comienzo de un nuevo viaje para usted y su semilla, un camino que cumple la promesa del Reino y su destino profético. El Señor la está llamando porque Él la necesita, ¡y por su Palabra la libero, para que corra detrás de Él! ❖

Capítulo 4
MANTENGAMOS A NUESTROS HIJOS ENCAMINADOS

>>>>>•——————————•>

EL AÑO ESCOLAR pasado recibí una de esas llamadas que toda madre teme recibir. Soy madre de dos adolescentes, y no es raro que el número de la escuela aparezca en el identificador de llamadas de mi teléfono. Trátese de un almuerzo olvidado, o de que no hayan llevado el uniforme de educación física, estoy acostumbrada a oír de mis hijos durante su jornada escolar. Sin embargo, cuando vi el número de la escuela y contesté el teléfono, la voz de una de las empleadas de la escuela me tomó desprevenida. "Señora. Wallace —dijo—: hemos estado tratando de ubicarla. Necesitamos que venga a la escuela inmediatamente". Mi corazón se aceleró, y por el tono de su voz me dio miedo hacer preguntas. Me dijo: "Su hijo Jeremiah se hizo daño en el brazo y tiene que ser llevado a la sala de emergencias". Una extraña sensación de alivio me inundó, porque por lo menos era no peor.

—¿Tiene fractura? —le pregunté, y ella dijo:

—Su muñeca está rota, eso se lo puedo asegurar.

Normalmente, siempre estoy a menos de cinco minutos de la escuela de mis hijos debido a la ubicación de nuestra casa y la iglesia, pero ese día estaba a más de veinte minutos. Aceleré como loca, y mi mente voló. Ni siquiera era la hora del almuerzo todavía, ¿cómo pudo haberse roto el brazo? Debe haber estado en clases en ese momento. "¿Está consciente? ¿Está llorando delante de sus amigos? ¿Tendrá miedo? ¡No debí estar tan lejos!". Un sinfín de preguntas corrieron por mi mente mientras oraba y corría a su rescate.

Me di cuenta de que el asunto era serio cuando llegué y encontré al director sentado con mi hijo en la enfermería de la escuela con uno de los profesores de educación física. A Jeremiah le habían colocado una férula temporal en el brazo porque el hueso estaba presionando contra su piel y el brazo estaba retorcido.

No tuve palabras. Solo lo llevé conmigo al automóvil y le pregunté si estaba bien. Se quedó en silencio y con el rostro pálido, y tan pronto como cerramos las puertas y arrancamos, mi fuerte chico se ahogó en un charco de lágrimas. "Mamá, me duele —me dijo. Había contenido sus emociones hasta que finalmente se sintió seguro en el automóvil conmigo—. No entiendo. Estaba haciendo algo que siempre hago. Salté hasta tocar el techo del pasillo de camino a clase, ¡y fue como si alguien me hubiera golpeado las piernas! ¡Te prometo que sentí eso, mamá!".

Me preguntaba si alguien lo habría empujado, pero testigos de lo que ocurrió, e incluso el video de seguridad mostró que nadie tocó a mi pequeñito. Sin embargo, de alguna manera sus pies se elevaron hacia afuera cuando el pequeño salto que efectivamente había dado muchas veces antes. Mi mente no lograba digerir lo ocurrido. Cada bache en el camino le hacía dar otro grito de dolor hasta que por fin llegamos a la sala de emergencias.

Tenía fractura. Su brazo se había partido en dos a mitad de camino entre la muñeca y el codo. Era una herida grave que requeriría de muchas radiografías y visitas al médico, e incluso múltiples yesos. No fue sino hasta un día después del incidente, cuando ya había pasado la urgencia, que nos dimos cuenta del verdadero problema. Ese instante cambiaría el curso de la vida de Jeremiah. Fue un momento crucial que Dios en su misericordia permitió. Fue una de esas respuestas a una oración que uno no habría pedido si hubiera sabido lo que se necesitaría para obtener la respuesta. Fue el comienzo de un viaje de transición entre la forma en que criaba a mis hijos, y entender cómo la mano de Dios moldea el destino de ellos. Me hizo más humilde como madre y al mismo tiempo me enriqueció.

La restauración del destino perdido

Jeremiah fue y sigue siendo un deportista nato. Es algo que lleva en su ADN. Tengo muy buenos recuerdos de él jugando béisbol desde pequeñito. Lo recuerdo celebrando sus anotaciones en el fútbol americano y saltando de alegría después de hacer una anotación de tres puntos en el baloncesto. Practicó golf y natación. Amaba todos los deportes y parecía tener la capacidad de destacarse en cualquier disciplina que intentara. Vivía para estar activo, y nuestras actividades diarias reflejaban eso. Al momento de la lesión se estaba preparando para un torneo de golf estatal, y acababa de

> *Dios está más preocupado por nuestro carácter que por nuestra comodidad.*

comenzar con un nuevo equipo de baloncesto. Las decisiones relacionadas con el entrenamiento de verano para el fútbol estaban a la vuelta de la esquina, y todo lo anterior señalaba el ritmo de lo que sería su carrera en la secundaria. Pero ese instante en su vida hizo que todo en su pequeño mundo se detuviera. Todas sus obligaciones deportivas de repente pasaron al asiento trasero, que era su estado físico actual. Nadie podía cambiar o controlar la situación. Incluso su capacidad de mantenerse activo en el hogar cambió. Estábamos construyendo una nueva piscina, y los niños habían esperado pacientemente su terminación. Jeremiah perdió la alegría de la diversión del verano en casa, y tuvimos que retrasar los planes vacacionales y reestructurar la vida en general.

Él estaba muy afectado, y Kevin y yo también. Comencé a hacer lo que haría cualquier cristiano pentecostal: reprender al diablo y orar por la sanación. Fue durante ese período de clamor a Dios para que la vida de Jeremiah regresara a la normalidad, que el Señor revolvió mis oraciones. Dios me dijo: "Lo estoy reajustando".

"¿Cómo? ¿Quieres decir que de alguna manera tú estás detrás de todo esto?", le respondí.

Sí, sé que esto puede sonar teológicamente difícil para algunos, pero fue como si el Espíritu Santo me dijo que Él estaba al control de todo. Me aseguró que estaría con él, pero que la curación vendría con el tiempo. Dios estaba haciendo algo más grande detrás del escenario. El brazo no era la preocupación mayor del Señor, sino el futuro de Jeremiah en esta circunstancia.

En ese momento recordé algo que una vez le oí decir a un pastor: Dios está más preocupado por nuestro carácter que por nuestra comodidad. Se nos hace difícil imaginar a Dios permitiendo que algo doloroso o negativo nos pase, pero Él no está sentado en el cielo tratando de ver cómo hacernos la vida más cómoda. Él está trabajando continuamente a nuestro favor para llevarnos a su propósito y destino divino, y a veces la comodidad es el enemigo que se interpone. A veces la comodidad es nuestro enemigo y el enemigo de nuestros hijos, y el malestar y el dolor pueden ser nuestros mejores amigos y maestros. Entendí que lo ocurrido era algún tipo de interrupción divina y un tiempo que el Señor estaba usando para sacar bien del mal que el enemigo quiso causarle a Jeremiah.

UNA TEMPORADA EN LA BANCA

A nadie le gusta el dolor. Y más difícil que experimentar dolor es ver a mis hijos experimentarlo. Como madre, ¡mi instinto de hacer todo lo posible para detenerlo! Sin embargo, el dolor puede ser un amigo, y ciertamente es un regalo de Dios.

¿Difícil de creer? Tomemos en cuenta la sensación de dolor como tal. A pesar de ser una experiencia negativa, Dios es el que la ha creado. No es agradable, pero es necesaria. Es una manera del cuerpo preservarse a sí mismo. El dolor tiene el propósito de hacer que paremos nuestras acciones peligrosas o de advertirnos de un peligro dentro de nuestro cuerpo. Sin la presencia de la sensación negativa del dolor, podríamos cortarnos un dedo o sangrar hasta la muerte por un corte sin siquiera darnos cuenta. Podríamos enfermar y hasta llegar al punto de la muerte y no tener idea de que algo está mal. Si no existiera el dolor para advertirnos, podríamos poner una mano en una estufa caliente hasta que nuestra piel se ampolle, sin darnos cuenta de que deberíamos quitarla.

El dolor nos da forma, y moldea nuestra perspectiva de la vida.

Esta es la razón por la que la disciplina está asociada con el dolor y el malestar. Nos exhorta a alejarnos de una conducta peligrosa, aunque la deseemos. Dios es el Padre justo que a veces permite el dolor en nuestra vida para evitar que nos dañemos a nosotros mismos, no solo físicamente, sino también espiritualmente. El dolor a veces nos grita que vamos en la dirección equivocada y evita que matemos nuestro destino. La disciplina sin alguna forma de dolor o malestar no es eficaz. Tiene que haber una asociación entre las acciones negativas que equivalgan a resultados negativos.

Yo estaba llorando por un brazo fracturado, pero Dios estaba llorando por un destino fracturado. Yo estaba preocupada por el bienestar momentáneo de Jeremiah y su programa de deportes, pero Dios estaba preocupado por su futuro. El brazo roto no era el punto focal de Dios, sino una señal profética de un problema mayor. Al principio estaba tan ocupada concentrada en un tema de menor importancia, que casi pierdo el tema principal. Cuando Dios dijo que iba a restablecer a Jeremiah, me di cuenta de que, en la locura de la vida, había permitido que mi hijo comenzara a perder el rumbo. Dios estaba mirando algo más grande y estaba sacando momentáneamente del juego a Jeremiah. Lo estaba enviado a la banca durante una temporada. No era una fractura que le permitía seguir funcionando a medias. Era grave y completa, y lo obligaba a estar completamente inmóvil. Jeremiah necesitaba ser restablecido. Según el diccionario, restablecer significa: "Volver a establecer algo o ponerlo en el estado que antes tenía".[1] Si Jeremiah necesitaba ser restablecido, eso significaba que obviamente estaba fuera de lugar o de posición. Pero, ¿cómo habíamos llegado a ese punto? ¿Cómo fue que yo, una madre que profetizaba, que oraba, y que escribía libros, permití que mi hijo se saliera de posición? Peor aún, ¿cómo lo llevé allí?

Dios me dijo: "Deven, no moldees a Jeremiah en formas que luego me toca corregir". El brazo de Jeremiah estaba tan desviado como su vida, y yo compartía la responsabilidad por ello. No podía restablecer su vida más de lo que podía restablecer su brazo fracturado. Necesitaba ayuda profesional. Solo un médico podía hacer que su brazo volviera a la posición deseada, y solo Dios podría restablecer su destino previsto.

Desviarse del curso y necesitar restablecimiento no es algo que ocurre de un día para otro o en un abrir y cerrar de ojos. Si desviarse del camino fuera tan obvio, toda madre que ora lo notaría de inmediato. Muchas veces desviarse del rumbo es algo que ocurre con el tiempo. Una amiga me dijo una vez que cada grado de la brújula es importante. Si un barco zarpa y se desvía apenas un grado en el inicio de su viaje, ese único grado representará muchas millas al final del recorrido. La dirección y las decisiones que toman nuestros hijos en sus primeros años podrían no parecer importantes en el momento, pero afectan grandemente su futuro. No podemos ignorar estos pequeños grados al comienzo, cuando estamos dando forma a las flechas que Dios nos ha confiado. Incluso las decisiones diarias que parecen insignificantes podrían producir desvíos enormes con el tiempo.

Esto fue lo que ocurrió en nuestra familia. Habíamos

tomado una dirección que nos desvió solo unos pocos grados al principio, pero a medida que Jeremiah comenzó a madurar y crecer, se fue desviando cada vez más lejos de su objetivo previsto. Se trataba de un plan cuidadosamente elaborado para irlo desviando con el paso del tiempo. Poco a poco, pulgada a pulgada, comenzamos a caminar con Jeremiah por un camino que no formaba parte de su futuro predestinado, un camino que no solo lo habría sacado de la ruta, sino que lo habría llevado en la dirección opuesta. Sin embargo, gracias a que orábamos y pedíamos la dirección constante de Dios en el destino y el futuro de nuestros hijos, Dios en su misericordia permitió que una pequeña molestia temporal le devolviera a Jeremiah su futuro previsto. Dios en su misericordia intervino a pesar de que yo como madre formaba parte del problema.

Señor Jesús, declaro que te poses sobre mi hogar. Te pido que me reveles poco a poco todo aquello a lo que le doy prioridad y que no está en consonancia con tu propósito sobre mi familia. Declaro que mis ojos se abrirían como madre a aquellos motivos y pasiones en mi corazón que podrían convertirse en obstáculos o que impidan el destino de mis hijos en ti. Padre, en la misericordia de tu intervención divina, alinéame nuevamente con tu corazón y su voluntad. Te damos permiso para restablecer nuestro hogar donde sea necesario, y para que ajustes nuestras prioridades. ❖

Capítulo 5
LA CRIANZA DE GUERREROS "ZURDOS"

E N LOS DÍAS en que Jeremiah tuvo el accidente del brazo, yo me estaba preparando para nuestra conferencia anual de madres en la iglesia. Esta es una actividad muy preciada por mí, en la que dedicamos dos días a preparar a las madres y a darles la oportunidad de encontrar a Dios sin distracciones ni interrupciones. Cuando estaba orando y ayunando para que Dios descargara en mi corazón su palabra y su plan para las reuniones, comenzó a mostrarme una historia familiar que se encuentra en Jueces 3 que trata de un juez y libertador de Israel conocido como Aod. Mi hijo casualmente acababa de leer del libro de Jueces, y también quedó cautivado por esta inusual y gráfica historia. ¿Qué niño no lo estaría? Aod era un guerrero sin pretensiones que se convirtió en un instrumento necesario para la victoria de Israel.

Aod fue enviado a encontrarse cara a cara con el malvado rey Eglón bajo el engaño de que había sido elegido para entregarle un regalo. El plan real era acabar con el rey. ¿Pero cómo? ¿Por qué fue elegido este joven y cómo consiguió verse cara a cara con el gobernante malvado? Resulta que tenía una habilidad secreta que muchos habían considerado una desventaja. Tenía una habilidad especial que le permitió esquivar la seguridad con su arma preferida. Aod era zurdo (Jue. 3:15). No era normal que los guerreros fueran zurdos, así que la seguridad del rey solo inspeccionó el muslo izquierdo de Aod para verificar que no estaba armado, suponiendo que era un hombre diestro. Lo normal era que el guerrero girara hacia el lado opuesto en busca de su arma, pero como él podía utilizar un arma desde el lado derecho, su daga no sería detectada por el tonto descuido del enemigo. Por eso él fue el elegido para entregarle un presente al rey Eglón.

CUANDO LA DEBILIDAD SE CONVIERTE EN FORTALEZA

Pareciera que a Dios le gusta usar lo que otros considerarían un revés en favor de su Reino. Esto me hizo reflexionar sobre la manera en que nuestros hijos son a veces vistos y etiquetados. Cuando los colocamos contra el lienzo de lo que consideramos "normal", muchas madres encontramos que nuestros hijos están siendo etiquetados con discapacidades y obstáculos que parecen separarlos automáticamente del éxito. Nuestro Dios, sin embargo, es el Dios de los "etiquetados". Él ha usado y seguirá usando su patrón de usar "lo necio del mundo para avergonzar a los sabios", según 1 Corintios 1:27 (NBLH). Él ve lo que el mundo considera como una debilidad y lo convierte en una fortaleza. La gloria de Dios no se manifiesta en las habilidades de un hombre o en la fuerza de una mujer, sino en su capacidad a través de sus debilidades. De hecho, la Palabra dice en 2 Crónicas 16:9 que Dios está buscando a los débiles para mostrar su poder a favor de ellos. Por muy difícil que se nos haga comprenderlo, a veces una gran fortaleza nos descalifica para su gloria, mientras que una gran debilidad puede ser la plataforma elegida por Dios. Fijémonos en el ejército de Gedeón en Jueces 7. Fue un modesto y subestimado ejército el que Dios eligió para lograr la victoria. ¡Y Él solo quería un remanente de trescientos! Del mismo modo, Dios eligió al que pudo haber sido considerado el guerrero más débil en la historia de Aod. ¡Él era zurdo, pero Dios lo ungió para la batalla!

Pero hay más detrás de la historia del libertador conocido como Aod, y que nos ayuda a entender por qué él estaba listo para esta tarea. La verdad es que Aod había sido entrenado toda su vida para ello. ¡Había sido entrenado para ser zurdo!

Fue elegido para desarrollar una habilidad con su lado débil con el propósito de darle a su tribu una ventaja militar. Él era de la tribu de Benjamín. Esta tribu entendía el valor de sorprender al enemigo, e identificó la fortaleza que representaba ese lado débil e insospechado, el lado izquierdo. La historia nos dice que la tribu de Benjamín eligió setecientos guerreros para que fueran honderos en la batalla con la mano izquierda (Jue. 20:16). Muchos hoy se preguntan cómo lograron esto. ¿Eran zurdos de nacimiento, o eran guerreros que habían sido heridos en el lado derecho y desarrollaron la capacidad de batallar con el lado izquierdo? En 1 Crónicas 12:2 se hace una descripción de esta tribu, y se menciona que eran ambidiestros. Podían usar ambas manos. ¿Nacieron así, o nacieron diestros y fueron obligados a utilizar su mano izquierda, y por eso tenían la capacidad de utilizar ambas?

Los integrantes de la tribu de Benjamín pueden haber nacido diestros, pero luego fueron obligados a utilizar su mano izquierda. La evidencia de esto la hallamos en la palabra traducida como "zurdo" en el texto original. El texto hebreo de este pasaje relacionado con Aod y los otros setecientos guerreros zurdos realmente los describe como atados o restringidos de la mano derecha.[1] En realidad, el texto ni siquiera menciona la mano izquierda. Estos guerreros particulares en realidad fueron elegidos y entrenados para usar la mano izquierda con tanta habilidad porque tenían el lado derecho de su cuerpo atado. Esta restricción forzó un cambio en su modo de operar. Fueron entrenados para apoyarse en su lado débil hasta que este se convirtió en una fortaleza. Esta estrategia única les dio una ventaja militar que los hacía un arma letal en la batalla.

El sentido común nos lleva a concluir que este entrenamiento para "zurdos" no podía comenzar el mismo día del combate cuerpo a cuerpo. Tuvo que haber consistido en una nueva formación intencional del joven, incluso de las habilidades motrices finas y gruesas del niño. ¡Estos setecientos guerreros en realidad estaban entrenando al cerebro para que funcionara al revés! El lado derecho del cerebro controla el lado izquierdo del cuerpo, y viceversa. Por lo tanto, el entrenamiento para usar el lado izquierdo consistía en fortalecer los esfuerzos del lóbulo derecho del cerebro. Esta formación debía comenzar durante las etapas iniciales de desarrollo del niño para que la transición fuera más fácil y exitosa. Es decir, durante el preescolar y los primeros grados de la primaria, como la mayoría de los educadores y las madres saben. ¡Eso lo cambia todo! De hecho, ¡es un tipo de entrenamiento "Jedi" para la batalla! La tribu de Benjamín probablemente eligió chicos jóvenes y los limitó en su mano derecha a fin de forzar el dominio sobre su lado izquierdo.

La ingeniosa estrategia de guerra de Dios

Mi madre me dijo una vez que cuando ella estaba en la escuela primaria se consideraba negativo que una persona fuera zurda. Obviamente, en ese momento la sociedad no sabía cómo lidiar con la singularidad de un niño. Ella recuerda que los maestros obligaban a los niños zurdos a usar su mano derecha durante las actividades diarias de la clase y cuando escribían, a fin de convertirlos de zurdos en diestros. Esto aún ocurría cuando mi hermano mayor iba a la escuela. Su maestro de preescolar lo obligaba a que usara su mano derecha, y con el tiempo ganó la fuerza necesaria para escribir correctamente con ella. Aún hoy es ambidiestro. Nunca perdió su tendencia natural de usar la mano izquierda, pero la circunstancia le dio la capacidad y la fuerza de escribir con la mano derecha. Los educadores sabían que este conjunto de habilidades tenían que desarrollarse temprano en la vida y ser enseñadas a través de ejercicios diarios para lograr el objetivo. ¡Creo que los hijos de Benjamín también sabían esto! Los guerreros zurdos de la tribu de Benjamín seguramente fueron entrenados de niños, y muchos eruditos así también lo creen.

La restricción de la mano derecha tuvo que comenzar cuando estos hombres eran niños, de manera que fuera eficaz, y puesta en práctica durante la vida cotidiana. Antes de que su padre o un soldado le enseñara al niño a lanzar una piedra con la honda en la mano izquierda, su madre le hacía comer el desayuno con la mano izquierda antes de irse a la escuela. Antes de que sacara una espada para asestar un golpe con la mano izquierda, su madre ataba su mano derecha para que jugara con sus amigos. Creo que las madres participaban activamente en la restricción diaria de las manos derechas de estos niños escogidos para que sus manos izquierdas pudieran convertirse en armas letales. Este aparentemente excesivo y extraño tipo de crianza en realidad resultaba ser una estrategia de batalla ingeniosa. A pesar de que pudieron haber sido criticadas, ¡sus esfuerzos pronto beneficiaron a toda la tribu!

Cuando pienso en todas las madres "zurdas", aquellas que no ajustan su estilo de crianza a las normas de la sociedad con el propósito de hacer lo que el Espíritu Santo les indica que hagan por sus hijos, pienso en Jocabed, la madre de Moisés. Ella rescató a su país al atreverse a liberar a su hijo en circunstancias muy inusuales y a una edad muy temprana. Pienso en Elisabet, que tuvo que dejar que su pequeño deambulara un rato en el desierto y comiera alimentos extraños a fin de ayudar en la liberación de Israel. Pienso en Ana, que dejó a Samuel para que fuera formado en el templo en sus años preescolares. Estas madres obedientes, dispuestas a poner en práctica tácticas poco habituales y excesivas a una edad tan temprana, ¡resultaron eficaces creando armas letales contra el enemigo! A estas madres les fueron dadas flechas, ¡y ellas las formaron para dar en el blanco!

HIJOS E HIJAS DE SU MANO DERECHA

¿No resulta irónico que el nombre Benjamín significa "hijo de mi mano derecha"?[2] ¿Cómo? ¿Una tribu llamada "hijo de mi mano derecha" fue elegida para ser zurda? Esto fue algo que me tocó llevarlo al Señor en oración para que me lo aclarara. Ser un hijo de la mano derecha en el mundo físico significa ser diestro y operar con fuerza desde el lado izquierdo del cerebro. El lado izquierdo del cerebro controla también el razonamiento humano y el intelecto. Llegar a ser zurdo, por otra parte, significa fortalecer el lado derecho del cerebro. El lado derecho del cerebro controla la creatividad y nuestro lado "artístico". Es con el lado izquierdo del cerebro que procesamos la información y desarrollamos ideas y soluciones lógicas, mientras que con el lado derecho del cerebro experimentamos las sensaciones, los sentimientos, las emociones, e incluso el hecho de poder experimentar a Dios. El lado izquierdo es lógica y el lado derecho es creatividad, y cada lado del cerebro controla el lado opuesto del cuerpo. Ser diestro podría simbolizar espiritualmente apoyarse en la lógica y el razonamiento humano, mientras que ser zurdo podría simbolizar la búsqueda de fuerza en el lado creativo, emocional y vivencial del cerebro. Cambiar de operar

> *Si hemos de experimentar la fuerza de Dios, debemos actuar en nuestra debilidad. Si vamos a ser de su mano derecha, nuestra mano derecha no puede atravesarse en el camino.*

con el lado izquierdo espiritual del cerebro al lado derecho espiritual del cerebro nos haría pasar de depender de nuestro propio razonamiento y entendimiento a tener una perspectiva centrada en el Dios de la vida. Esto me recuerda el conocido pasaje de Proverbios 3:5 que nos advierte: "Confía de todo corazón en el Señor y no en tu propia inteligencia". La transición de operar con la mano derecha a la izquierda representa entonces un verdadero cambio en de pensamiento y una renovación de la mente.

Cultural y espiritualmente, ser un hijo de la mano derecha para un hebreo significaba que tenía una posición de autoridad y que estaba marcado para bendición. En la Biblia el padre usaba su mano derecha para dar la bendición a sus hijos. Era la mano del favor y la bendición. La mano izquierda se utilizaba para dar una bendición inferior, como se ve en Génesis 48 cuando Jacob cruzó sus manos para dar la primogenitura a su hijo menor en lugar del hijo mayor, como era la costumbre. Era necesario que pusiera la mano derecha sobre la cabeza del hijo menor para que la transacción tuviera lugar. La mano derecha representaba la autoridad paternal. El hijo de la mano derecha fue favorecido por el padre y recibiría una mayor herencia.

La mano derecha también representa la fuerza de Dios. Éxodo 15:6 dice: "Tu diestra, oh Jehová, ha sido magnificada en poder; tu diestra, oh Jehová, ha quebrantado al enemigo". El Salmo 89:13 dice: "Tuyo es el brazo potente; fuerte es tu mano, exaltada tu diestra". Y hay más de cincuenta pasajes más que hablan de la diestra de Dios. Su mano derecha representa su poder para liberar y para salvar. Su paternal mano derecha representa su poder de bendecir y multiplicar sus hijos e hijas.

En la búsqueda de Dios, tuve que preguntarle: "Señor, ¿cómo puedes llamar a la tribu de Benjamín 'hijos de la mano derecha' si esa tribu se caracterizaba por restringir su mano derecha para utilizar la mano izquierda? ¿Puede un guerrero zurdo ser hijo de tu mano derecha? Todo lo relacionado con la mano izquierda connota algo débil e inferior". Dios me respondió: "Si vas a ser un hijo o una hija de mi mano derecha (la bendición, el favor, la fuerza y la autoridad), entonces no puedes ser hijo o hija de tu mano derecha. Los que son hijos e hijas de mi fuerza no deben apoyarse en sus propias fuerzas".

En otras palabras, si hemos de experimentar la fuerza de Dios, debemos actuar en nuestra debilidad. Si vamos a ser de su mano derecha, nuestra mano derecha no puede atravesarse en el camino. Por eso fue que llamó a los guerreros zurdos: "hijos de la mano derecha", porque dependían de Él. Esto no tiene nada que ver con ser físicamente diestros o zurdos. Se trata de una revelación más profunda sobre ser más diestros o zurdos en el Espíritu. Es una representación física de una verdad espiritual mayor. Es en nuestra debilidad que el poder de Dios se perfecciona (2 Co. 12:9). Apoyarnos en la mano izquierda puede perfeccionar la mano derecha de Dios en nuestra vida. Los que obran en la bendición y el favor de Dios no deben depender de su propia capacidad de obtener bendición o en la capacidad de cualquier padre terrenal que los bendiga y los favorezca. Basta con mirar a Jacob, que aún tuvo que luchar con Dios por la bendición verdadera a pesar de que su padre terrenal lo había bendecido. La bendición terrenal era temporal e incompleta, y Jacob la había logrado por su propia fuerza, que es, en esencia, apoyarse en su propia mano derecha. El favor terrenal obtenido por medios carnales es incompleto, pero el favor celestial es irrevocable. Jacob buscó la mano derecha de su padre terrenal, pero Él necesitaba la mano derecha de su Padre celestial. Dios no pondría la mano derecha de su bendición sobre él hasta que Jacob se humillara delante de Él. Dios le dislocó la cadera para que Él ya no pudiera apoyarse en sus propias fuerzas (Gn. 32:25). Aunque la Escritura no define claramente qué cadera le tocó Dios, a mí me gusta imaginar que fue su cadera derecha. Jacob se convirtió en un hijo de la derecha de Dios cuando comenzó a obrar por la mano izquierda en el Espíritu.

Los que son de la mano derecha de Dios no deben apoyarse en su propio intelecto y razonamiento, sino escuchar y obedecer la voz de Dios y solo a Dios. Espiritualmente, un individuo diestro representa el lado izquierdo del cerebro: la lógica y la razón. Sin embargo, la Palabra afirma que nuestro intelecto y sabiduría son muy inferiores a los de Dios. Esta es la razón por la que dice en Proverbios 3:5: "Fíate de Jehová de todo tu corazón, y no te apoyes en tu propia prudencia". Fue el razonamiento humano lo que llevó a Adán y Eva al pecado original cuando Eva tomó del fruto. Ella compró la lógica del enemigo. Es el razonamiento humano el que obstruye la capacidad de un hijo o una hija de actuar con una obediencia radical a Dios. La sabiduría humana es locura para Dios (1 Co. 3:19), y sus caminos son radicalmente superiores a los caminos humanos (Is. 55:8-9). Debemos criar a nuestros hijos para que sigan la dirección divina por encima de su propio razonamiento, actuando a través de una sabiduría que proviene del ámbito celestial, y no del ámbito terrenal.

Dios literalmente sacudió mi mundo a través de esta revelación, así como mi perspectiva de cómo estaba formando y criando a mi hijo. Fue mientras estudiaba esta palabra del Señor que Jeremiah se fracturó el brazo, ¡y justamente su brazo derecho! Irónicamente, no fue sino hasta la mitad del sermón cuando predicaba esta palabra en la conferencia de madres, que el Espíritu Santo quitó el velo de mis ojos. Dios no solo estaba descargando revelación en mí para las madres de esta generación, ¡estaba descargando en mí entendimiento para esta difícil etapa en la vida de Jeremiah! ¡Dios estaba restableciendo a Jeremiah para que fuera un guerrero zurdo, no diestro!

Yo había estado criando a Jeremiah para que se apoyara en sus propias fuerzas y habilidades. Le estaba enseñando a apoyarse en sus propios dones y deseos. Incluso, a pesar de que la escuela fenomenal a la que asistía le ofrecía una excelente educación, lo estaban formando para actuar bajo el razonamiento y la sabiduría humana, y le estaba enseñando las normas del mundo relacionadas con el éxito. Dios me mostró que yo estaba moldeando a Jeremiah con una mentalidad y filosofía de vida que Dios tendría que revertir más adelante si yo no lo hacía ¡ahora! El panorama completo de este doloroso viaje era un tremendo acto de amor. Dios me estaba enseñando que si quería que mis hijos, para ese momento mi hijo mayor Jeremiah, fuera un hijo de la derecha de Dios, Jeremiah no podría confiar en su propia mano derecha. Fue una pausa física que Dios usó para enseñarnos una verdad espiritual.

Dios fortaleció la revelación mostrándome una imagen mía caminando por la acera con mi hijo tomado de la mano. Para poder tener a Jeremiah tomado de la mano derecha, la mano de la fuerza, yo tenía que caminar sosteniendo su mano izquierda, que representa la mano débil. Si trataba de caminar sosteniendo su mano derecha con mi mano derecha, se hacía muy complicado poder caminar juntos armoniosamente. Dios me mostró ese día que si Jeremiah iba a caminar de la mano con el Señor, ¡debía haber un cambio de mano! ¡Dios quería que la mano izquierda de Jeremiah tomara su mano derecha, para que el Señor pudiera mostrar su poder en la vida de Jeremiah y recibir toda la gloria!

UN RESTABLECIMIENTO DE ADENTRO HACIA AFUERA

Kevin y yo nos arrepentimos ante el Señor y le pedimos ayuda para restablecer la vida de Jeremiah, y esto ocurrió al inicio de la escuela secundaria. Estábamos muy agradecidos de que Dios hubiera permitido que esto sucediera en ese momento estratégico en el desarrollo de Jeremiah en vez de que ocurriera más tarde en su vida. Al igual que con cualquier ruptura, cuanto más tiempo se espera antes de que ocurra el restablecimiento, más difícil se hace sanar. Era como si Dios, en su gracia, hubiera permitido que el restablecimiento ocurriera temprano.

Reflexioné sobre mi propia vida y sobre la forma en que el Señor tuvo que cambiar radicalmente mi punto de vista como joven estudiante universitaria. Yo estaba dirigiendo todas mis energías por un sendero que satisfacía mis deseos y alimentaba mis propios dones y habilidades. Le estaba pidiendo a Dios que bendijera mis planes cuando él tenía otros planes mejores para mí. Tuve que atravesar por una temporada de quiebre para entenderlo, ¡y a veces miro hacia atrás y pienso en el tiempo que invertí en un plan de vida que jamás me habría hecho sentir plena! Dios me había hecho un llamado al ministerio, pero mi fuerte capacidad de lógica y razonamiento no podía entenderlo. Yo quería ser médico, pero Dios había me llamado a ser predicadora. Fue una temporada de restauración dolorosa pero necesaria, y doy gracias a Dios por cada momento de ella. ¡No puedo imaginar lo que sería hoy de mi vida si no le hubiera permitido a Dios que me restableciera de adentro hacia afuera! ¡Ahora en su gracia y misericordia Él estaba interviniendo en favor de mi hijo!

Kevin y yo estábamos listos y dispuestos a obedecer las instrucciones divinas. Dios también fue fiel al comenzar a comunicarse también con Jeremiah. Su tiempo de inactividad le dio la capacidad de escuchar a Dios y entender la necesidad de un cambio. Dios comenzó a reformar sus deseos, y Kevin y yo observamos con alegría a Jeremiah tomar solo algunas decisiones increíbles pero difíciles. Nos quedamos atrás y permitimos que Dios formara y modelara nuevamente a nuestro hijo. A nivel físico, mientras Jeremiah tenía el yeso, lo comencé a ver hacer cosas con la mano izquierda que normalmente solo se podrían lograr con la derecha. ¡Físicamente fue ganando fuerzas en su lado débil porque estaba atado en el lado derecho! Yo sabía que lo mismo estaba ocurriendo a nivel espiritual. Su espíritu se estaba fortaleciendo, y él comenzó a fortalecer partes de su vida que estaban débiles y abandonadas. Su vida estaba restringida en muchos aspectos de sus fortalezas y deseos naturales, pero eso hizo que se fortaleciera en los aspectos más importantes. Su cotidianidad estaba cambiando, y comenzó a enfocarse en la que era la voluntad de Dios para él.

Ese verano tomamos algunos de los pasos de fe más radicales

y estratégicos con nuestro hijo. Muchas de las decisiones que tomamos parecían surgir de la nada. Tomamos ese tipo de decisiones que llevan a una madre a ayunar y experimentar muchas noches en vela orando. Por primera vez realmente comenzamos a permitir que Jeremiah tomara algunas decisiones importantes en su vida (dentro de lo razonable, por supuesto), mientras que su padre y yo orábamos y lo guiábamos. Me sentí como en un combate de lucha libre con el destino de Jeremiah, y tuvimos que escuchar al Espíritu del Señor para saber qué debíamos hacer a continuación. Cada decisión parecía tener importancia, y Dios se estaba manifestando claramente.

Primero cambió el enfoque de Jeremiah, y luego siguió su agenda. Tuvimos que empezar a organizar su vida en torno a los deseos y objetivos dados por Dios en lugar de las expectativas sociales o nuestras ambiciones personales. Dios tenía que ser la prioridad y la fuerza motriz principal en la vida de Jeremiah. El Señor se negaba a convertirse en un plato de segunda mesa en su futuro. El plan educativo de Jeremiah cambió en todos los sentidos, incluyendo su escuela. Sus actividades deportivas fueron simplificadas, e incluso sus amistades comenzaron a cambiar. Su atmósfera diaria estaba cambiando, y estaba dirigiendo el cambio para todos nuestros hijos. Dios me dio a entender que esa atmósfera y clima eran vitales para el crecimiento exitoso de todos mis bebés. Una buena semilla en un clima incorrecto puede dejar de producir. Todas tenían que ser colocadas en un entorno óptimo para un máximo crecimiento. El Reino estaba en ellos, y las condiciones estaban dadas para producir fruto.

Mirando hacia atrás ahora, doy gracias a Dios por el verano en el que Jeremiah se rompió el brazo. Yo nunca pensé que ocurriría, y habría hecho todo lo posible para evitarlo si lo hubiera sabido. Pero ahora me aterro al pensar dónde estaría Jeremiah si Dios no hubiera permitido ese tiempo de intervención. Tuve que convertirme en la entrenadora de un guerrero zurdo y darme cuenta de que aunque mi estilo de crianza y mis decisiones no encajarían con la norma de la sociedad o la última tendencia, al final producirían flechas de gran impacto. Dios desea que nuestros hijos sean zurdos en el Espíritu, y que no dependan de sus propias fuerzas o de su sabiduría, sino de Él. Él está moldeando a los que tomarán por sorpresa al enemigo sin valerse de su propio lado fuerte, sino del Señor. Está buscando madres que puedan formar a estos guerreros, madres que no tengan miedo de adoptar un estilo zurdo de pensamiento y un estilo de crianza zurdo. Como madres del Reino, no siempre podemos mirar a la sociedad en busca de cómo dar forma a nuestras flechas. Los caminos de Dios no siempre tienen sentido. Hay que apoyarse en la sabiduría y las enseñanzas de Dios, incluso en las primeras etapas de crecimiento y desarrollo de nuestros hijos. ¡Hay que criarlos para que se apoyen en Él y para que actúen en su conjunto de habilidades únicas!

No todos estaban capacitados para ser zurdos, porque solo unos pocos eran necesarios. Ese pequeño remanente, sin embargo, ganó muchas batallas para toda la tribu. Dios no necesitaba de todos para cumplir sus propósitos. Él solo necesitaba de algunos que obedecieran.

Declaro en el nombre de Jesús que un remanente de madres con un pensamiento zurdo atenderá tu llamado, y así poder ver a todo un ejército de guerreros expertos tomar el reino de la oscuridad por sorpresa. El enemigo cree que tiene esta generación bajo su dominio, pero declaro que Dios está levantando su propio ejército para confundir a los poderes de la oscuridad con una estrategia y una unción únicos. En el nombre de Jesús, se levantará un grupo de jóvenes radicales, llenos del Espíritu y obedientes. Tal vez no se amolden a los parámetros de la sociedad actual, pero muy posiblemente llevarán a la victoria a toda nuestra nación y las naciones de la tierra. ¡Que esta generación deje de pensar en base a sus limitaciones humanas, y que el Señor unja a jóvenes restringidos intencionalmente de su mano derecha con el propósito de ser guiados por la mano derecha de Dios, y que puedan llevar a sus compañeros del lado izquierdo! ❖

Capítulo 6
LA RESTAURACIÓN DEL HIJO REBELDE

E<small>N</small> 1 R<small>EYES</small> 3 encontramos una historia muy conocida que tiene el propósito de mostrar la magnitud de la sabiduría con que Dios había dotado a Salomón. Sin embargo, si examinamos esta historia un poco más de cerca, encontraremos un mensaje más profundo que veo dirigido a las madres, especialmente a aquellas cuyos hijos han sido engañados o atrapados por el enemigo.

Dos prostitutas se presentaron ante el rey con un dilema. Ambas vivían en la misma casa y participaban del mismo estilo de vida pecaminoso, y ambas habían dado a luz a dos bebés varones con apenas unos días de diferencia. Aunque ambas dieron a luz, tenían dos visiones muy diferentes de la maternidad. Primeramente, en circunstancias normales una prostituta hace todo lo posible para no quedar embarazada trabajando. Un embarazo simplemente le imposibilita su capacidad de trabajar y ganar un ingreso (conozco muy bien este tema por mi trabajo con sobrevivientes de la trata de personas). Es probable que ninguna de ellas haya estado buscando quedar embarazada, y ambas pudieron haberse sentido tristes o decepcionadas cuando se enteraron que lo estaban. Algo cambió, sin embargo, en el momento en que una de las madres sostuvo a su bebé en sus brazos. Algo tocó su corazón y sintió amor y compasión por su hijo. En un instante, una mujer que había vivido una vida de pecado y promiscuidad fue transformada por el amor de madre.

La otra prostituta, sin embargo, parecía más preocupada por el concepto de la maternidad que por el hijo que le daba el calificativo de madre. Carecía de compasión y amor abnegado. Para ella era una traba. No se trataba del bienestar de su hijo o del hijo de la otra mujer. Le importaba era el calificativo y no el niño. Una noche, ambas mujeres se durmieron con sus bebés a sus lados.

Podríamos decir mucho del riesgo que corre un bebé durmiendo al lado de su madre. Sabemos que físicamente es bien peligroso. Sin embargo, no me estoy refiriendo ahora al riesgo físico, que es obvio. Hay un elemento espiritual aquí que no quiero que se pierda. A pesar de que como madres en muy raras ocasiones nos quedamos físicamente dormidas, es necesario que durmamos cierto número de horas al día para poder funcionar. Espiritualmente, sin embargo, nunca hemos de conciliar el sueño mientras nuestros hijos estén a nuestro lado. Nuestro espíritu no fue creado para dormir, solo para descansar. Dios mismo no duerme, según el Salmo 121:4, sino que descansa, como vemos en la historia de la creación (Gn. 2:2–3). Nuestro espíritu tiene que aprender a pasar de la guerra al descanso, pero no podemos darnos el lujo de quedarnos dormidas.

DESPIERTA EN EL CUERPO, DORMIDA EN EL ESPÍRITU

En Mateo 8, podemos ver la diferencia entre el descanso y el sueño, cuando Cristo atravesaba con sus discípulos el mar de Galilea. Una tormenta se levantó, y mientras los discípulos estaban luchando frenéticamente con ella, Jesús estaba dormido en el fondo del bote. Su cuerpo se había quedado dormido, pero la historia nos da a entender que su espíritu estaba completamente despierto. Tan pronto como agitaron su cuerpo, su espíritu le habló con autoridad a la tormenta, y el mar lo obedeció (vv. 24–26). Él estaba preparado "a tiempo y fuera de tiempo" y ejercía autoridad porque su espíritu estaba alerta y conectado con Dios (2 Tim. 4:2).

Los discípulos estaban despiertos en sus cuerpos, pero

dormidos en el Espíritu. A pesar de que sus ojos estaban abiertos durante la tormenta, sus espíritus estaban dormidos en la capacidad de ejercer autoridad sobre ella. Remaron y lucharon, pero no lograron nada. Jesús estaba dormido físicamente, pero despierto en el Espíritu. Hizo más desde su lugar de descanso, que lo que ellos lograron con toda su preocupación y confusión. La manera más efec-

> *No solo el adormecimiento espiritual peligroso para la madre, sino que también pone en riesgo a sus hijos.*

tiva en que podemos batallar por nuestros hijos es hacerlo en un estado de alerta espiritual, incluso mientras estamos dormidas, y descansando en la Palabra de Dios en vez de estar preocupadas y con ansiedad. Esa clase de fe, incluso en medio de la tormenta, es la que mueve la mano de Dios.

Temo por esta generación, porque creo que hay demasiadas madres dormidas que han puesto a sus hijos en riesgo, y que están inmersas en un comportamiento espiritual imprudente y en una apatía que pone en peligro la vida y el aliento de sus hijos. Estas madres pueden estar despiertas físicamente, e incluso muy ocupadas con actividades maternales, pero no tienen conciencia espiritual, y actúan sin autoridad o conocimiento del reino espiritual. Están preocupadas trabajando y aprendiendo por sus propias fuerzas en lugar de apoyarse en Dios. Nadando en el mismo lugar sin avanzar. Ninguna madre en su sano juicio estaría dispuesta a darse la vuelta hacia su hijo y sofocar al bebé. Sin embargo, cuando una madre está dormida, no es consciente de los efectos de sus propias acciones y del daño que le está ocasionando a su hijo. No solo el adormecimiento espiritual es peligroso para la madre, sino que también pone en riesgo a sus hijos.

La verdad es que el estilo de vida de la madre descrito en 1 Reyes 3 puso a su hijo en una atmósfera de peligro e incertidumbre que finalmente terminó quitándole la vida. Creo que como madres todas hemos experimentado esto hasta cierto punto. Hemos vivido un estilo de vida o tomado decisiones que nuestros hijos terminan sufriendo. Es posible que como madres no hayamos criado a nuestros hijos en un hogar con valores cristianos. Tal vez nuestro encuentro con Jesús ocurrió tarde en la vida. Tal vez vivimos arrepintiéndonos por haber permitido que nuestros propios problemas perjudicaran el futuro de nuestros hijos. O tal vez vivimos dormidas, en el sentido de que criamos a nuestros hijos sin una sensibilidad o conciencia del enemigo o del Espíritu de Dios. Ahora estamos con un bebé muerto, un niño que vivió una vez, pero que ahora yace sin aliento.

La historia nos dice que después de que la primera madre asfixió a su hijo mientras dormía, se fue sigilosamente hasta la cama de la otra mujer y le arrebató a su bebé mientras ella también dormía. La primera madre cambió literalmente el bebé de su compañera de cuarto por su hijo muerto (1 R. 3: 19–20). ¡Eso es tener un sueño profundo! La madre del bebé vivo ni siquiera se despertó cuando su enemiga robó lo más valioso para ella. Ni siquiera se movió. Una madre dormida no solo corre el riesgo de hacerle daño a su propio hijo, sino que no tiene conciencia de la presencia del enemigo. Cuando una madre está dormida en el espíritu, el diablo puede llegar a su casa, hasta su hijo, y tomar lo que no le pertenece. Este ha sido el plan del enemigo desde el principio: tomar lo que no le pertenece, porque él no puede producir vida o lograr el dominio. Lo único que puede hacer es robarse la vida y el dominio de los hijos de Dios. La madre malvada tomó el bebé vivo para sí y dejó al bebé muerto en los brazos de la madre dormida.

EL PODER DE UNA MADRE DESPIERTA

Cuando la madre abrió los ojos en la oscuridad, sus sentidos aún estaban limitados porque estaba semidormida. Su percepción no fue clara mientras entraba y salía del sueño. En su visión limitada, pensó que el niño a su lado era el suyo. No podía ver con claridad, sino lo que el enemigo quería que viera: al bebé muerto. Compró la mentira del enemigo, y pensó que su hijo estaba sin vida.

Dicho esto, cuando llegó la mañana y la luz del sol comenzó a brillar, la madre finalmente despertó y pudo ver más allá del engaño. Este es el poder de una madre despierta. Cuando nos despertamos podemos ver la realidad, por muy dura que sea. Cuando nos despertamos, podemos sacudirnos del engaño que el enemigo ha sembrado en nuestros corazones y hogares. Cuando una madre despierta, puede ver lo que nadie más puede ver, porque ella conoce la verdadera identidad de su hijo. ¡A la luz de la mañana, esta madre en particular se dio cuenta inmediatamente de que el bebé muerto no era su hijo! El diablo podrá engañar a un amigo, un abuelo, o un maestro, pero no puede engañar a una madre que está despierta y alerta. Ella es como una leona feroz que defenderá lo que le ha sido confiado.

La luz despierta. La luz expone el engaño e ilumina la verdad, liberándonos de la esclavitud. Oro para que en este instante la verdad de la Palabra de Dios caiga como el sol de la mañana sobre usted, madre, y que la despierte de la apatía y el engaño. Que despierte como esta madre y declare: "¡Este no es mi hijo!". No importa cuán muerto su hijo o hija pueda parecer en el espíritu. No importa lo lejos que se pueda haber desviado del Señor. No importa si usted estaba dormida y no podía detener el plan del enemigo. No importa si se trata de drogas, promiscuidad, dureza de corazón, o rebelión. ¡No compre la mentira del enemigo sobre su bebé! ¡Ese niño muerto en sus brazos y en su casa no es su hijo! Esa es la versión de su bebé que tiene el enemigo, y él quiere que usted se resigne con su plan. Levante su voz y desafíe la mentira, y lleve ese bebé muerto directamente al trono del Rey. Él es el único que puede exponer a su enemigo y devolverle su verdadero hijo a sus brazos.

Eso es exactamente lo que hizo esta madre. Ella no se quedó de brazos cruzados. Estaba despierta y molesta, y con sed de justicia. Sin vacilar, llevó su caso a la autoridad más alta, el rey (1 R. 3:16). Como madres, ¡somos defensoras! Cuando el enemigo nos haya engañado y nuestro hijo parezca estar en sus brazos, ya sea por decisión propia o por nuestros errores, no podemos permanecer en silencio. Se acabó la dormidera: tenemos ahora que levantar la voz como defensoras de nuestros hijos ante el cielo. No aceptemos que se nos niegue lo que por derecho nos pertenece, y no paremos hasta que tengamos lo que no tiene cabida en los brazos del enemigo. Al igual que la pequeña viuda en Lucas 18, que cansó al juez con su persistencia, no nos detengamos hasta que el cielo escuche y responda. Digámosle al diablo y digámosle al rey: "¡Ese no es mi hijo!". Declaremos: "Mi niño no morirá sino que vivirá, y contará las obras del Señor!" (ver Sal. 118:17).

En la historia, cuando las prostitutas comenzaron a luchar por el niño vivo, el rey oyó el grito de la madre y en su sabiduría creó un plan para exponer el engaño del enemigo. Diseñó una situación que haría que el plan del enemigo se le devolviera. Lo que se le ocurrió hacía parecer como que él estaba de acuerdo con lo que la madre malvada quería y como que había caído en el engaño del adversario. Lo que el rey propuso parecía que acabaría con la vida del otro hijo. De hecho, parecía que al final lo que quedaría de esta situación sería únicamente muerte (1 R. 3:24–25). A veces Dios responde a nuestras oraciones de maneras que no esperamos ni entendemos. Isaías 55:8–9 nos dice que sus caminos no son nuestros caminos, y que sus pensamientos no nuestros pensamientos, y que sus caminos son más altos y perfectos que los nuestros. La solución del rey fue pedir que le pasaran su espada, pero él sabía muy bien lo que estaba haciendo cuando se la dieron. Nosotras podríamos estar viendo lo que parece ser una espada de muerte sobre nuestro hijo. Él o ella pueden estar atravesando situaciones y circunstancias que parecen estar destinadas a destruirlo o destruirla. Nuestras oraciones pareciera que lo que están haciendo es empeorar la situación, pero la espada del rey Salomón nunca tuvo el propósito de matar al niño. ¡La espada tenía el propósito de hacer surgir el grito de la verdadera madre! La situación por la que está atravesando nuestro hijo podría parecer su final, pero recordemos que la espada no tiene la intención de destruirlo, sino de provocar un grito de guerra en nuestro espíritu que movilizará al mundo espiritual a nuestro favor.

REPRENDAMOS AL ENEMIGO, Y REDIMAMOS NUESTRA SEMILLA

Era solo una estrategia. En el momento en que el enemigo pensó que había ganado; en el momento en que la madre malvada pensó que se saldría con la suya, fue revelada su verdadera intención. A ella no le importaba si el niño vivía; ella solo quería asegurarse de que su amiga no pudiera tener un bebé si ella tampoco podía. La acción del rey hizo que la verdadera madre clamara misericordia para su hijo. Su grito de intercesión atravesó el aire del recinto y perforó el corazón del rey y lo llenó de compasión. Ella tomó una decisión que demuestra el mayor acto de rendición que cualquier madre puede exhibir, y que salvó la vida de su hijo y aseguró que el enemigo no tuviera más cabida en él. Ella dijo: "¡Por favor! ¡No mate su Majestad al niño vivo! ¡Mejor déselo a esta mujer!" (1 R. 3:26, DHH).

Como madres, tenemos que alcanzar ese punto en el que no estemos satisfechas de compartir nuestros bebés con el mundo o con el diablo. Debemos preferir que ellos tengan vida verdadera por sobre nuestros propios deseos para ellos. Tenemos que darnos cuenta de que en el Reino de Dios no hay medias tintas: o están en él o no lo están. La mitad del niño no habría sido un niño vivo. No podemos permitir que nuestro hijo viva sentado sobre la cerca de la indulgencia, a medio camino entre la iglesia y el mundo, solo para agradar o satisfacer lo que queremos de él. Dios dijo que prefiere que seamos calientes o fríos, pero que si somos tibios, como dice Apocalipsis, Él nos vomitará de su boca (Ap. 3:16). Es un momento difícil, pero a veces hay que soltarlos y decir: "Prefiero dejar que el diablo los tenga durante esta temporada, que alejarlos con la religión. Quiero que su redención sea real y verdaderamente plena". Esta madre estuvo dispuesta a liberar a su hijo al enemigo a fin de preservar su vida y su futuro. Su amor por él no disminuyó o desapareció, pero la llevó a tomar una decisión abnegada que terminó siendo lo que lo salvó.

Tal vez como madre usted está hoy en esa temporada de liberación. Ha tenido que soltar a su hijo y aparentemente perder ante el adversario. Tal vez le parece que su hijo o hija se ha desviado tanto, que nunca volverá a casa. La reto a no aceptar a un niño muerto como su realidad y como la respuesta final. Esa no es la identidad o el futuro de su semilla. Preséntese delante del Rey y abogue por su causa. No tema a las garras del enemigo: él no perdurará. Usted no puede halar a su hijo hacia el Reino y arrebatarlo de las manos del enemigo, porque eso podría resultar peor. Levante su voz y deje que el Rey reprenda al enemigo por usted y redima su semilla. Solo Él puede hacer que su hijo sea apartado de la influencia de Satanás y regresado al lugar que le corresponde. Sus oraciones lo han conmovido, y sus veredictos son inapelables. Su espada no es para destruir, sino para revelar, ¡y el final traerá vida y no muerte! Usted sostendrá nuevamente a su bebé en el Reino de Dios, y el diablo no tendrá la última palabra. Es su hijo y no de él. Levántese en la Palabra, y confíe en el Rey. Levante su voz y confíe. ¡el Rey hará que su casa sea restaurada!

Declaro que el enemigo debe soltar lo que no le pertenece y que sus hijos e hijas volverán al Reino de la luz. Derribo todos los miedos y las preocupaciones de las madres y cada mentira engañosa del enemigo, y oro para que la verdad de la Palabra de Dios ilumine la verdadera identidad de su hijo. Oro para que cada grito de misericordia como madre sacuda el cielo y mueva el corazón del Rey para que batalle en su nombre. ¡Que el Señor reprenda a sus enemigos y restaure su hijo o su hija en sus brazos! ❖

Capítulo 7
CUIDADO CON LA TRAMPA
DE LA COMPARACIÓN

>>>>>>————————•>

EL JUEGO DE la comparación es una trampa muy común, pero perjudicial. Comparar es examinar dos cosas para encontrar similitudes y diferencias. Es medir una cosa contra otra. Las mujeres solemos comenzar el juego de la comparación a una edad temprana. Comparamos los vestidos, los zapatos y las muñecas; y luego el tamaño del sujetador, los novios, el peso, y la capacidad de cocinar y la limpieza de nuestros hogares. Cuando no tenemos mucho éxito en un aspecto de nuestra vida, a veces encontramos consuelo al ver que alguien más tiene menos éxito que nosotras en eso. Es el alivio que experimentamos cuando entramos a la casa de una amiga o vecina y encontramos montones de ropa y juguetes en el suelo; o el sentimiento de frustración al entrar en una casa que está absolutamente limpia y libre de polvo y en la que están horneando pan casero. Inmediatamente empezamos a comparar. Es una reacción natural.

No hay nada más cruel que la comparación que surge a veces entre las madres. Como madres, tenemos un insaciable impulso de tener éxito en la crianza de nuestros hijos. Todas hemos sentido esa presión de que nuestros hijos sean los mejores vestidos, los que logren las mejores calificaciones, o los que demuestren los mejores talentos. Podemos llegar a ser culpables de medir nuestro éxito en base al desempeño de nuestros hijos. Podemos comparar los estilos de crianza, los estilos de disciplina, los métodos de enseñanza, e incluso la espiritualidad de nuestros hijos. Cuando sentimos que están por debajo de nuestro potencial en comparación con el potencial de los demás, comienza un juego tormentoso que impulsará a los padres a hacer las cosas más absurdas. Este es el caldo de cultivo del que brotan las madres de que presionan a sus hijos sin piedad y que hacen que se comporten de una manera demencial en las actividades deportivas solo para que sus padres puedan ver que están siendo superiores a los demás niños.

Al ver la historia de Elisabet, la madre de Juan el Bautista, podemos llegar a la conclusión de que, para ser madres guiadas por el Espíritu Santo que crían a niños con un destino profético, tenemos que liberarnos del círculo vicioso de la comparación. Tenemos que liberar a nuestros hijos para que sean los individuos únicos que Dios los ha llamado a ser, aunque esto represente hacer el ridículo o una vergüenza potencial. Para comenzar, Juan, el hijo de Elisabet, ni siquiera tenía un nombre común. Estoy segura de que cuando Juan decidió que lo único que quería usar era pieles de camello, su reputación no mejoró mucho. ¡Imagínese la presión social que la familia experimentó cuando Juan decidió comer solo langostas! Elisabet tuvo que superar todas las comparaciones entre madres y simplemente permitir que su hijo fuera aquello para lo que Dios lo creó. No podemos tener miedo de permitir que nuestros hijos usen pieles de camello, aunque esa no sea la última tendencia de la moda para niños. Destacarse y ser diferentes puede ser el plan divino para nuestros hijos, pero eso requerirá que enterremos nuestros deseos de que sean aceptados o populares. Los agitadores del Reino no fueron diseñados para adaptarse a patrones, sino para romperlos. A veces tenemos que permitir que Dios haga eso a través de nuestros hijos, y eso por naturaleza significa que no siempre van a ser como la sociedad espera.

Un evangelio radical, una vida radical

Los niños, con sus personalidades únicas, no fueron creados para ser medicados, etiquetados y simplemente tolerados. Lo que el mundo diagnostica como un trastorno, defecto o falla psicológica, puede ser en realidad la composición genética del destino. Lo que parece indeseable o difícil de tratar en nuestra sociedad puede ser el plan del Reino. ¿Qué personaje importante en la historia bíblica, o incluso en la historia contemporánea, llegó a cambiar el mundo por ser normal? Sin embargo, sentimos la presión como padres de ajustar a nuestros hijos a un molde llamado "normal". Este es el plan del enemigo, porque "normal y equilibrado" es igual a "cómodo y complaciente" en el Reino. Jesús predicó un evangelio radical y vivió una vida radical, y no tuvo nada de "normal". Y de nuevo lo digo, a medida que se acerca su regreso, Dios está levantando una generación de "Juanes Bautistas" que sacudirán nuestra nación y el mundo con un estilo y un mensaje que será de todo menos normal o equilibrado. Dios mismo dice que Él odia las cosas tibias (Ap. 3:16). Las temperaturas altas o bajas exigen una reacción, y así es como Dios desea que vivamos como creyentes. Esto comienza, sin embargo, con las madres del Reino, que no tendrá miedo o reprimirán lo que Dios ha ordenado en sus hijos.

Isaiah, mi segundo hijo, fue un tesoro inesperado de cuya existencia me enteré apenas seis meses después del nacimiento de mi primer hijo Jeremiah. Mi primera reacción fue de temor y lágrimas, porque aún estaba aprendiendo cómo ser mamá. No tenía idea de qué estrategia utilizaría para duplicar la fuerza emocional y la fuerza física, el amor, y los ingresos financieros tanto míos como de Kevin. El segundo hijo siempre trae la incertidumbre de si lo podremos amar tanto como el primero, y de saber si todo saldrá bien. Afortunadamente, Dios nos comunicó que Él estaba al control y que no había sido un accidente, como el mundo nos decía en son de chiste. Este niño había sido divinamente ordenado a la manera y el tiempo de Dios. Algo común entre las madres que crían hijos con destino profético es esto: Dios se asegurará de que nosotras no estemos en control, a propósito y desde el principio. Este fue el caso de Isaiah. Su nombre nos lo dio Dios mismo en Isaías 6:8. El Señor preguntó: "¿A quién enviaré, y quién irá por nosotros?" E Isaías respondió: "Heme aquí, envíame a mí". Dios dejó claro desde el momento en que Isaiah estaba en el vientre, que este niño sería para Él. Dios también nos dijo que así como el profeta Isaías demostró obediencia radical en su vida, nuestro hijo Isaiah sería un hijo de obediencia radical.

Mirando hacia atrás, me doy cuenta de que debí haberme preparado para la oposición del enemigo en la vida de Isaiah. Como puede verse en las vidas de madres del Reino como Jocabed, el enemigo nunca subestima el potencial contenido en ese pequeño envoltorio de alegría, incluso desde el momento que nace. Uno de los peores errores que una madre puede cometer es subestimar la marca de Dios sobre su descendencia. No podemos ver a nuestros hijos por lo que son en el presente, sino contemplar continuamente la plenitud de lo que pueden y llegarán a ser. No nos ceguemos por la ternura que los envuelve, porque el enemigo ve mucho más allá de eso. Es así de simple: el diablo teme a la simiente de Dios. Él ve la marca de Dios y ataca temprano y sin piedad. Por este motivo es que encontramos dos infanticidios, uno en Éxodo y otro en Mateo, relacionados con los nacimientos de Moisés y de Jesús. La intención de Satanás siempre ha sido la destrucción y el silenciamiento de la voz del profeta, él y no piensa jugar limpio o agradable esta vez. Así que como madres, no podemos responder jugando limpio o agradable. Mateo 10:16 dice que debemos ser tan astutas y sigilosas como serpientes, pero también tan inofensivas como palomas.

Rindámonos a la sabiduría del Espíritu Santo

Isaiah ha sido la bendición más preciada de mi vida. Sin embargo, no pasó mucho tiempo después de su nacimiento para comenzar a mostrar la personalidad única con la cual fue creado. Su manera de pensar, su percepción, sus habilidades sociales, y su constitución emocional general eran únicas y diferentes a los demás miembros de la familia. Físicamente, su singularidad se mostraba de varias maneras, como por ejemplo, en su sensibilidad extrema. Él tiene intensas respuestas emocionales a ciertas telas y alimentos, e incluso a veces vomitaba los alimentos que tenían ciertas texturas. A veces era muy reacio al tacto y el afecto, ¡y la familia Wallace es una familia muy cariñosa! Tenía patrones de sueño muy particulares, en los que se dormía tan rápido que parecía como si tuviera una narcolepsia, y entonces se despertaba a las tres de la madrugada y permanecía despierto durante horas. Era sensible al ruido y no toleraba el desorden o los cambios y las transiciones. Un simple cambio de horario le producía ataques de pánico, y tomar decisiones era para él como un asunto de vida o muerte. Ni siquiera podía llevarlo de compras a una tienda de juguetes porque las opciones y la presión para tomar una decisión lo exasperaba. Él se obsesionaba con un tipo de juguete y se enfocaba en él en cada cumpleaños y Navidad. Primero fueron los juguetes de Thomas el tren, luego los LEGO, y después La guerra de las galaxias.

Moldear y disciplinar a Isaiah se convirtió en el reto diario de mi vida, y había días en los que lo único que podía hacer era acurrucarme sobre mi cama y derramar lágrimas

Dejé de mirar mi propio conocimiento y mi fuerza, y me entregué a la sabiduría y la estrategia de Dios, aunque no estuviera en sintonía con lo que decía la sociedad.

de fracaso. Rogué y supliqué a Dios por gracia y sabiduría, porque no sabía cómo lidiar con mi propio hijo, y mi propio hijo parecía estar cada vez más distante de mí en su corazón porque se sentía incomprendido.

Recuerdo que muchas veces permanecí despierta toda la noche con Isaiah porque él no podía y no iba a dormir. Trataba de razonar con él, de amenazarlo, de convencerlo, pero era en vano. Una noche en particular, finalmente envolví su cuerpecito de dos años y medio y comencé una guerra orando en lenguas sobre él hasta que finalmente se durmió en mis brazos. ¿Qué otra cosa podía hacer? Allí fue que el bombillo espiritual se encendió en mí. El Espíritu Santo me habló esa noche y me dijo: "Yo soy el mejor padre. Yo entiendo lo que tú no puedes entender porque yo mismo lo formé". En ese momento me di cuenta de que lo que había estado tratando de hacer por mi cuenta para entender y criar a Isaiah era un completo fracaso. Todos mis libros sobre crianza y psicología no hicieron nada para ayudarme porque eran los manuales de instrucciones equivocados. Todas esas teorías maravillosas habían sido escritas por un especialista que ni siquiera sabía el nombre de Isaiah, ¡mucho menos el número de cabellos en su cabeza!

A todas estas, yo tenía el mejor recurso que pudiera necesitar. Tenía al Ayudador y Consolador eterno, el Espíritu Santo. Mis preconcepciones religiosas se desvanecieron cuando el Espíritu Santo me susurró. Me di cuenta de que el Espíritu Santo no solo se movía en los altares de la iglesia, sino que también estaba presente en mí como madre, así como lo estaba con todas las madres. Estuvo sentado a mi lado en el suelo mientras yo permanecía con Isaiah toda la noche, y estuvo conmigo cuando lloré en mi dormitorio. Me vio tratando de hacer que Isaiah se comiera todas sus judías verdes. Estuvo allí todo el tiempo, diciendo: "Si tan solo me lo permites, puedo mostrarte cómo criar a Isaiah. Sé cómo él está constituido, y sé los planes que tengo para su futuro". Mi terquedad era como la de un padre que se niega a seguir el manual de instrucciones cuando está armando algo para su hijo. Tenía al Fabricante conmigo, pero estaba tratando de obtener el manual de otras fuentes distantes. Cuando me di cuenta de ello, la crianza de Isaiah cambió. No podía usar los mismos métodos y estrategias que había utilizado para Jeremiah. Eran dos personas increíbles, pero sin embargo diferentes. Dejé de mirar mis propios conocimientos y fuerzas y me entregué a la sabiduría y la estrategia de Dios. Cada día oraba: "Señor, muéstrame hoy cómo lidiar con Isaiah. Dame una estrategia, y la obedeceré".

Fueron pequeñas cosas las que produjeron grandes resultados en la vida de Isaiah. Todo comenzó cuando acepté la misma verdad que Elisabet tuvo que enfrentar con su hijo Juan el Bautista: Que mi hijo fue hecho para ser diferente a otros niños. Tenía que darle forma y afilarlo, no tratar de ajustarlo o compararlo con otros. Él iba a romper patrones, y ese era el propósito de Dios para mi hijo. No era una enfermedad, un error, o una minusvalía: él tenía un diseño divino para un propósito divino. Tuve que abrir los ojos al don de la singularidad de Isaiah y ayudarlo a administrar lo que había recibido. Pero el hecho de que él era único y elegido no significaba que había nacido con el conocimiento de lo que era mejor para él o de cómo manejar los dones únicos que le habían sido conferidos. Miremos a María y José con Cristo. Durante su infancia desapareció durante tres días para enseñar en el templo (Lc. 2:41–52). ¿Puede usted imaginar la angustia que María y José sintieron y la inconveniencia de regresarse a Jerusalén en busca de él? Cuando María encontró a Jesús, ¡Él parecía no entender cuál era la angustia de sus padres! A veces un llamado único en un niño produce desafíos únicos para los padres. Isaiah estaba desesperado por orientación y formación, pero él no necesitaba críticas o comparaciones.

Niños con un propósito profético

La aguda percepción sensorial de Isaiah lo convirtió en una persona extremadamente sensible en todos los aspectos de su vida. Él, por ejemplo, puede oler lo que es indetectable para el resto de la familia, al punto de poder determinar qué ingrediente falta en una receta. También puede sentir y ver cosas en el ámbito espiritual que no siempre podemos percibir. Su sensibilidad física no le es una tortura, pero sirve para darle hipersensibilidad al Espíritu.

Me di cuenta de cuán abierto sus ojos y oídos espirituales estaban un día después de una experiencia espiritual muy preocupante, pero real, que Kevin y yo tuvimos en nuestra casa. Una noche, después de que los niños se durmieron, estábamos trabajando en la oficina que tenemos cerca de la puerta de la casa. De repente, Kevin y yo vimos una sombra oscura grande que entró por la rendija de la puerta y se escurrió rápidamente frente a nosotros por el pasillo. Pensé que mis ojos me estaban engañando hasta que oímos un ruido sordo en la pared de la oficina, la cual da hacia la habitación de mi hijo mayor Jeremiah. Kevin y yo ni siquiera nos dijimos nada, sino que nos levantamos de un salto y corrimos a la habitación de Jeremiah. Los golpes en la pared los había hecho Jeremiah dando patadas mientras jadeaba para respirar en su cama. Para ese momento ni siquiera estaba aún en preescolar. Kevin empezó a hablar en lenguas y a reprender al diablo, y la paz se apoderó de Jeremiah cuando volvió a dormirse. Nos miramos incrédulos, sin saber exactamente qué había atacado a nuestro hijo o si esto había ocurrido antes sin nosotros saberlo. ¿Podría ser esta la razón por la que Isaiah, que compartía la habitación con él, se despertaba tanto por la noche?

La mañana siguiente, me estaba preparando frente al espejo del baño, mientras Isaiah estaba jugando en la bañera detrás de mí. Estaba pensando en lo que le había ocurrido a Jeremiah, y le hice esta pregunta al Señor en mi mente: "¿Qué fue eso? ¿Es un espíritu? Y si es así, ¿qué clase de espíritu es?". Fue como si Isaiah escuchó lo que yo estaba pensando o como si el Espíritu Santo mismo me hubiera respondido a través de él. Isaiah me dijo: "Mamá, ¿cómo se deletrea asma? A-S... ¿qué más?". ¡Casi me caigo de la impresión! Isaiah estaba viendo la palabra *asma* en su mente y en espíritu. Oyó la respuesta del Señor, ¡y tenía tres años! Lo que estaba atacado a Jeremiah, estaba afectando su respiración, y creo que el Señor estaba revelando que el enemigo se estaba dando a la tarea de atacarlo con asma. Isaiah oyó lo que yo no podía oír. Esta fue solo la primera de varias oportunidades en las que Isaiah vería o escucharía algo en el Espíritu, sin darse cuenta de lo que estaba haciendo.

Cuando Isaiah tenía nueve años, nuestra iglesia experimentó un gran crecimiento a través de la visión que Dios nos dio como iglesia, pero esto requirió de recursos. Kevin estaba cargado con el estrés de la campaña de construcción y los planes misioneros, y ciertamente necesitábamos un milagro financiero. Isaiah nos dijo que Dios le había dicho que diéramos todo su dinero de cumpleaños en una ofrenda especial que estábamos a punto de recibir para un orfanato que nos habíamos comprometido a construir en Guatemala.

"¿Estás seguro de que eso es lo que Dios dijo, Isaiah?", le preguntó Kevin en los días previos al domingo especial. Yo estaba asombrada de que Isaiah quisiera ponerlo todo en la ofrenda, pero así lo hizo. Varias veces durante las semanas subsiguientes a la ofrenda de Isaiah, él le dijo a su padre: "Dios le va a dar a nuestra iglesia un millón de dólares". Esto comenzó a intrigar mi estresado marido, que me preguntaba por qué Isaiah estaba hablando de semejante cantidad. ¡Lo dijo en cuatro ocasiones separadas! Un día, Dios reprendió a Kevin, diciéndole: "Isaiah tiene fe en un milagro así porque él me dio todo lo que tenía". Efectivamente, unas pocas semanas después, Dios le dio a nuestra iglesia el mayor milagro financiero que habíamos recibido en toda nuestra historia como pastores, que incluso fue mayor que el millón de dólares declarado por Isaiah. De un día para otro estábamos libres de deudas, y pudimos aumentar nuestro avance en el Reino debido a la obediencia de un hijo único. Isaías había profetizado nuestro milagro.

Isaiah también demostraba una aguda capacidad intelectual. Podía recordar todo con gran detalle. Era un maestro constructor y diseñador, según lo demostraba con su obsesión con los bloques de LEGO. Hubo una temporada en la que Isaiah se obsesionó en expresar la Palabra de Dios a través de su pasión por los LEGO. Por su propia cuenta hizo una creación con LEGO tras otra que mostraban las historias de la Palabra de Dios. Desde David y Goliat hasta los sacerdotes en el templo, ¡e incluso la crucifixión! Él las llamaba sus creaciones de la Biblia, y sorprendía a nuestros invitados con su atención a los detalles y su exactitud bíblica. Estaba compartiendo el evangelio de una manera muy poco convencional, ¡y lo hizo todo por sí solo! Su creatividad también se expresó en su amor por la música. Comenzó a aprender por sí solo a tocar el piano, al punto de que podía tocar una pieza con solo escucharla.

Isaiah oraba con los ojos abiertos tanto en la casa como en la iglesia. Se me hacía incómodo verlo mirando a su alrededor durante la oración, así que un día le dije: "Tienes que cerrar los ojos mientras oras".

Rápidamente y con mucha seguridad me preguntó: "¿Por qué tengo que cerrar los ojos mientras oro? Me gusta mantenerlos abiertos". El Señor puso en mi corazón la convicción de que debía dejarlo orar como él quisiera, que él estaba buscando y viendo cosas. Isaiah ha visto ángeles y tiene visiones abiertas.

Durante un servicio, un querido santo en nuestra iglesia vio a un ángel detrás de mi marido mientras predicaba. Nadie estaba al tanto de lo ocurrido salvo este individuo, mi esposo y yo. Isaiah ni siquiera estaba con nosotros en ese momento.

Durante ese servicio, Isaiah estaba coloreando en el piso con unos amigos, y de repente se levantó de un salto y corrió hacia mí durante la predicación. Describió el mismo ángel detrás de su padre que el querido santo acababa de mencionar. Lo vio mientras estaba coloreando en el piso del altar.

En otra ocasión, Isaiah previó la muerte de nuestro querido pastor Emeritus pocas semanas antes de que ocurriera. Corrió hacia mí durante el servicio un día y me dijo: "Mamá, acabo de ver un ángel encima del hermano Kelley. Estaba halándolo hacia arriba por los hombros de la camisa como si estuviera tratando de llevárselo, pero el hermano Kelley se resistía. El hermano Kelley le acababa de decir a mi marido que no quería morir aún. Él quería estar aquí cuando el rapto ocurriera. Apenas unas semanas después, el Señor se lo llevó a casa.

¿Por qué cuento todo esto? Para animar a las madres que tienen un hijo que ha sido clasificado como "diferente". Lo que el mundo llamaría más tarde una desventaja, era en realidad una circunstancia establecida por Dios para un niño con un propósito profético. ¿Qué profeta de las Escrituras encajó en lo que se consideraba "normal"? Oseas tuvo que casarse con una prostituta y serle fiel (Os. 1:2). Jeremías trató de mantenerse al margen y ser normal, pero el llamado de Dios en su vida lo empujó a sentir como si sus huesos estaban ardiendo (Jer. 20:9). Samuel fue dejado en el templo cuando tenía unos cinco años, y durmió cerca del lugar santo (1 S. 1) . Cuando un niño se ve diferente en el mundo físico, a menudo es porque es diferente en el ámbito espiritual.

El niño que rompe el molde

Mi ejemplo favorito del perfil anormal de los niños proféticos es el de Juan el Bautista, el hijo de Elisabet. De hecho, Dios me llevó a su historia durante los primeros años de la crianza de Isaiah. Juan Bautista representa lo yo clasifico como el niño vestido de pelo de camello que nació para romper moldes.

Ahora que he criado parcialmente mi propio niño vestido de pelo de camello, los puedo detectar una milla de distancia. Puedo verlo en sus ojos, cuando procesan el mundo que los rodea. Son niños que nacen para ser intencionadamente diferentes y que destacan por un propósito. Son niños que tienen el propósito de desafiar los patrones y enfrentar a los complacientes, aunque sean sus propios padres, como ocurrió en nuestro caso. La sociedad no sabe cómo clasificar a un niño así, mucho menos cómo moldearlo. Recurrimos a etiquetas y diagnósticos para poder lidiar mejor con ellos, y los medicamos, a veces por pura conveniencia. ¿Podríamos estar sofocando y desactivando la composición única que les fue dada de ser un conducto hacia el Reino de los cielos? ¿Nos hemos ensimismado tanto con las expectativas de nuestra sociedad que no queremos ser molestados con el reto de criar a un niño como Juan? Y soy un testimonio vivo de que el reto bien vale la pena, y de que el fruto de un niño tan especial no tiene precio. No puedo dejar de decirlo: ¡Una vida puede cambiar a toda una generación! Una voz profética puede cambiar el rumbo de una sociedad. Un niño llamado Juan preparó el camino para que el Mesías salvara a la humanidad, pero se necesitó que una madre como Elisabet le diera forma a un niño como Juan.

Pongámonos como madres en la posición de Elisabet. Para comenzar, ella soportó vergüenza y decepción porque no podía concebir. Esto era lo peor que le podía ocurrir a una mujer en su tiempo. Ella no era estéril porque había hecho algo malo, aunque muchas veces ella se lo había preguntado. Ella era estéril por algo bueno.

> *Un niño llamado Juan preparó el camino para que el Mesías salvara a la humanidad, pero se necesitó que una madre como Elisabet le diera forma a un niño como Juan.*

No era una negativa de Dios, sino el plan divino. No era un

castigo, sino una cuestión de tiempo. El retraso no era una negativa. Ella fue preservada y preparada para los acontecimientos milagrosos que rodearían a aquél a quien Jesús llamó el mayor hombre nacido en la tierra (Mt. 11:11). Elisabet no estaba destinada a tener *un* hijo, sino *el* hijo, el que haría volver los corazones de los padres hacia los hijos, y los corazones de los hijos hacia los padres. Ser la madre de un niño así siempre lleva una etiqueta denominada *proceso*. Es como una perla de gran valor o un diamante en bruto. La mayoría de los objetos con gran valor no se obtienen o son requeridos fácilmente. Para un niño como Juan, se requirió de un difícil proceso de esterilidad y reproche para validar el milagro de su nacimiento. Se requirió que la lengua de su padre perdiera la capacidad de hablar para revelar el plan de Dios. Se requirió de una ropa y de un mensaje inusual para lograr resultados extraordinarios. A Elisabet le costó un poco de paz, un poco de sueño, y su reputación como madre.

Cada vez que nace un niño como Juan hay oposición. Hay oposición del enemigo y de la sociedad para silenciar a alguien que enfrentará y perturbará sus patrones. En esta historia hubo incluso oposición dentro de la familia. Al principio Zacarías no lo podía creer, y luego los familiares no estuvieron de acuerdo con el nombre que Dios le había dado al niño. Ellos querían que se ajustara al patrón de su padre. Elisabet tuvo que enfrentar a su propia familia, que no entendía al niño que había dado a luz. Ella ejemplifica algo común en las madres que dan a luz a niños con un propósito profético: el dolor es inevitable. Esto lo vemos incluso en la madre de Cristo. A María le fue dado el increíble honor de dar a luz al Mesías; sin embargo, ella recibió la profecía de que una espada atravesaría su alma (Lc. 2:35). En otras palabras, el honor y la gloria de ser la madre del Mesías conllevaban un elemento de dolor. ¿Qué madre, aparte de María, podría sobrevivir ver a su hijo clavado en la cruz? El dolor y la lucha son inevitables e innegables para las madres que afinan y liberan hijos de promesa profética. El dolor de la esterilidad de Elisabet fue simplemente el medio para obrar un milagro. Creo que se necesitó de ese nivel de desesperación y entrega por parte de Elisabet para criar a un niño como Juan de acuerdo con el plan que Dios tenía para él. Si ella no hubiera estado tan desesperada, no habría estado tan dispuesta a entregarlo. Al igual que ocurrió con Ana, la madre de Samuel, la desesperación de Elisabet fue la rendición que le permitió cumplir con el plan radical de Dios. Todo el mundo quería intervenir para darle a Juan una identidad y un propósito, pero Elisabet no se preocupó más en complacer a los demás. Ella ya había superado el dolor del rechazo social. Ni siquiera estaba preocupada por complacer a su marido, pues ella ya había superado el obstáculo de no poder complacerlo. Solo le importaba agradar a Aquel que le había dado a este niño, y Dios habló y actuó a su favor.

En primer lugar, ¿por qué nació Juan, y les fue dado a Elisabet y Zacarías? La promesa del nacimiento de Juan se produjo cuando le llegó el turno a Zacarías de servir en el templo de Dios. Era su turno de entrar en el Lugar Santísimo. Fue en la misma presencia de Dios, delante del velo, que se habló del concepto de Juan antes de que Juan fuera creado (Lc. 1: 8–17). Dios lo creó para satisfacer un propósito. Dios no trata de encontrar propósitos para aquellos que Él ha creado como si el propósito fuera una ocurrencia posterior. Dios crea a sus hijos para satisfacer propósitos específicos en la tierra. Este es un concepto que debemos inculcar en nuestros hijos desde que nacen. Los niños han sido creados para que pasen más tiempo cumpliendo su propósito que buscándolo. El plan de Dios es guiarlos a su propósito. Están diseñados para un lugar asignado en el Reino de Dios, y no encontrarán una satisfacción completa fuera de esa tarea.

Más que solo un propósito, Juan fue una respuesta a una

oración. Estoy segura de que Zacarías y Elisabet habían clamado a Dios por un niño. Pero más específicamente, en el momento en que el ángel se le apareció a Zacarías, la Palabra dice que la gente estaba orando afuera del templo, mientras el sacerdote estaba orando en el templo (Lc. 1:10). Estaban suplicando por la expiación y la redención del juicio del pecado. La respuesta de Dios fue un niño, una voz profética que prepararía el camino para el verdadero Redentor. Moisés fue una respuesta al clamor del pueblo de Dios en el libro de Éxodo. Samuel fue una respuesta a las oraciones de Ana y a la falta de liderazgo espiritual del pueblo de Dios. Debemos ver a nuestros pequeños tesoros como la respuesta a un problema, no como el origen de uno. Son una respuesta a la oración, totalmente plena en todos los sentidos para llenar un valioso propósito específico en el Reino y el plan de Dios. No tengamos miedo de ese propósito, incluso si es para destruir un molde.

Declaro que eres libre, mujer de Dios, de cualquier temor de que tu hijo sea diferente. Oro para que el temor al hombre sea desterrado de tu vida y para que la presión a ser "normal" sea retirada de tus hombros. Oro para que el Señor silencie a los que hablan en contra del destino de tus hijos, y elimine la influencia de aquellos que desean moldear a tus hijos según las expectativas de la sociedad, en lugar de los propósitos del Reino. Oro para que tus hijos estén libres de etiquetas que no se ajusten con su verdadera identidad, y para que recibas gracia en cada desafío que puedas enfrentar en la crianza de tu niño vestido de piel de camello. ¡Te pido Señor, que liberes tu estrategia divina en el corazón de cada madre al ellas implementar el propósito del Reino en sus hogares! ❖

Capítulo 8
DEJEMOS DE LIDIAR Y COMENCEMOS A FORMAR

>>>>>———————►

U NA DE MIS mayores preocupaciones sobre esta nueva generación es que les hemos inculcado la idea de que su propósito depende de su propia capacidad de toma de decisiones y de que su destino es lo que quieren o elijan ser. A pesar de que disfrutamos de libre albedrío, su abuso conduce a una vida carente de realización y dirección. La única manera de encontrar lo que nos satisface y aquello para lo cual hemos sido creados es buscando a nuestro Creador. Yo puedo dar testimonio de que a veces lo que pensamos que queremos no es realmente lo mejor para nosotros. Una buena parte de mi juventud la dediqué a tratar de llegar a ser médico, no una pastora o una madre. Solo al entregar mi corazón y voluntad al Señor encontré el camino de la paz y el destino de mi vida. Yo nunca imaginé que mis planes se quedarían vacíos y que Dios tenía una emocionante trayectoria planeada para mí. Yo fui creada específicamente para hacer lo que hago en este momento, ¡y me siento realizada en Dios todos los días de mi vida! Doy gracias a Dios por Proverbios 16:9: "El corazón del hombre piensa su camino; mas Jehová endereza sus pasos".

Hemos fracasado en enseñarle a esta generación lo que Jeremías 17:9 enseña: "Engañoso es el corazón más que todas las cosas". En cambio, hemos acuñado frases perjudiciales como: "Haz lo que te indique tu corazón" en lugar de "haz lo que te indique el espíritu". Esta generación vive en el reino de los deseos y sentimientos en vez de actuar bajo el Espíritu de discernimiento y de verdad. Su total libertad de elección ha producido una sensación de falta de rumbo e inseguridad, como un barco sin brújula sin un destino previsto. Actualmente, el ochenta por ciento de los estudiantes universitarios cambian de carrera al menos una vez, y la mayoría de ellos cambian tres veces antes de decidirse por una carrera específica.[1] Las estadísticas dicen que el 52 por ciento de los empleados son infelices en su trabajo, lo que significa que no se sienten satisfechos en el lugar en el que están invirtiendo la mayor parte de su tiempo cada día.[2] El suicidio es la tercera causa de muerte entre los jóvenes de quince a veinticuatro años.[3] Eso representa demasiados jóvenes que carecen de un conocimiento interno del propósito detrás de su futuro y su vida. Creo que esta sensación de falta de rumbo es una de las principales causas de estas estadísticas. Hemos seguido nuestras propias pasiones sin la dirección del Espíritu, y hemos perdido el blanco al que se suponía debíamos darle. Eso es lo que el pecado es, después de todo: errar el blanco. La Palabra dice que "donde no hay visión, el pueblo se extravía" (Pr. 29:18, NVI). Una visión es lo que proporciona dirección. Una vida sin objetivo es una vida vacía.

¿Qué puede causar que una flecha física no dé en el blanco? Un defecto, o algo que haya quedado incompleto en el proceso de moldeado. Lo mismo ocurre en el reino espiritual. Cuanto más nos permitimos elegir el camino que queremos sin la dirección y el moldeado de Dios, más nos alejaremos de nuestro destino hacia un estilo de vida vacío, como una flecha que cae al suelo en vez de dar en el blanco. Esta falta de consecución es el elemento que revela que no conocemos realmente cómo es el Creador. Declaraciones falsas como: "Tú puedes llegar a ser lo que quieras" excluyen de la ecuación la verdad de que solo a través de Cristo y la unción divina podemos lograr el éxito ilimitado. Cuando somos ungidos por Dios, se nos da la capacidad de lograr lo que no podíamos en el reino físico por nuestra propia cuenta. La unción es el toque sobrenatural de Dios sobre nuestra vida y la vida de nuestros hijos para superar cada situación. Es la capacidad que Dios pone en nosotros para llevar a cabo las tareas que Él pone ante nosotros. Operar dentro de esta unción trae gracia y plenitud. Tratar de lograr el éxito con nuestro propio esfuerzo y al margen de la unción divina nos restringe a nuestras capacidades y limitaciones físicas, y puede producir frustración e insatisfacción. Se requerirá un mayor esfuerzo con un éxito limitado.

La unción es para propósitos específicos. El concepto del destino como un descubrimiento místico que solo los elegidos pueden hallar es una falacia; aun así, ¡lo enseñamos a nuestros hijos! El destino es simplemente el resultado de nuestras elecciones, y cada elección nos acerca o nos aleja del blanco en el que Dios quiere que demos. Alcanzamos nuestra máxima capacidad cuando nos conectamos con el propósito para el cual fuimos creados, no cuando perseguimos sueños para los cuales no fuimos hechos. Debemos inculcarles a nuestros hijos que ellos fueron creados con un potencial y un propósito que solo puede ser desbloqueados a través de Cristo. Tienen que aprender a renunciar a su voluntad y aceptar la voluntad del Padre, que en última instancia sabe qué va a satisfacerlos.

No podemos obligar a nuestros niños a un futuro específico, pero ciertamente necesitan ser dirigidos. Dios le dio instrucciones específicas a la esposa de Manoa mientras criaba a Sansón para que pudiera tomar decisiones por él antes de que él fuera lo suficientemente maduro como para tomarlas por sí mismo (Jue. 13:3-5). Ana tomó una importante decisión por Samuel cuando lo comprometió con el trabajo del templo (1 Sam. 1). Abraham tomó una decisión drástica por Isaac cuando subió al monte Moria para ofrecerlo en sacrificio al Señor (Gn. 22). Estos padres no tomaron estas decisiones porque era lo que querían para sus hijos. Estaban siguiendo las órdenes y deseos del Señor, y no hicieron de ello un tema de debate o discusión en sus hogares. Como madres, podemos descansar tranquilas en el asiento del conductor, porque nuestros bebés no nacieron sabiendo cómo tomar decisiones maduras. Para eso estamos nosotras. Los límites establecidos por la Palabra y por el Espíritu Santo pueden no ser siempre los más deseables para nuestro hijo, pero van a ser beneficiosos para su éxito futuro. El destino de nuestro hijo comienza en nosotras, y esa una gran responsabilidad.

La brújula del Espíritu Santo

Se dice que Dios no se preocupa tanto por nuestra comodidad como lo hace por nuestro carácter. Madres, tenemos que adoptar esa clase de amor ágape que nos sacuda el egoísmo de querer ser amigas de nuestros hijos más que administradoras de sus vidas. Los nacidos en esta generación están pidiendo a gritos límites y orientación. Necesitan saber qué es importante. Tenemos que equiparlos, pero no con un mapa diseñado por nosotras mismas, sino con una brújula que no es otra que la dirección del Espíritu Santo dirigiéndolos al plan de Dios, independientemente del número de giros o vueltas que tomen. Un mapa es un plan rígido que puede llegar a ser obsoleto con el tiempo, pero una brújula perdurará a través del tiempo, incluso a través de los cambios. Siempre les señalará el norte, independientemente de donde vayan. Si nuestros hijos tienen una brújula espiritual que siempre les apunte a Dios, encontrarán el camino de regreso a su propósito, aunque se pierdan o den un giro equivocado.

Juan el Bautista fue creado para cumplir un propósito profético que fue decidido incluso antes de que fuera concebido (Lc. 1:15–17). Fue determinado y puesto en marcha incluso antes de que aprendiera hablar. Su vida no consistía en encontrar un propósito, sino en el cumplimiento de un propósito. Dios silenció al que habló en contra de él y avergonzó a los que trataron de darle otro nombre sobre su verdadera identidad (Lc.

1:19–20, 59–62). Juan tenía una brújula interna dada por Dios, llamada la dirección del Espíritu Santo, que lo llevó de la comodidad de su casa al desierto (Lc. 1:80).

Después de superar la vergüenza de la esterilidad y a los que querían negarle el derecho de ponerle un nombre a su propio hijo, ahora se encontraba con un hijo "raro" que se destacaba en la multitud. Imaginemos lo frustrada que ella a veces se sentía, y muchas nos podemos identificar con ella en ese sentido. ¿Qué habrá pensado Elisabet cuando su hijo comenzó a negarse a comer su comida y en su lugar comía langostas con miel silvestre? Su madre debe haber perdido los estribos o derramado algunas lágrimas cuando el niño se negó a usar sus hermosas prendas hechas a mano porque le gustaba más la piel de camello y no soportaba la sensación del algodón (Mt. 3:4). ¿Cómo respondió cuando Juan no quiso volver a jugar con los otros niños del vecindario, y en su lugar prefería pasar largos días solo en el desierto? En base a esta información, podemos decir que si Juan hubiera nacido en nuestra época habría sido considerado un ser asocial y diagnosticado con cuanto trastorno existe, desde trastorno del procesamiento sensorial hasta incluso trastorno bipolar. Estoy segura de que habrían determinado algún tipo de deficiencia vitamínica por su manera de alimentarse. Probablemente lo habrían etiquetado con un trastorno de estrés o ansiedad debido a su mensaje diario de arrepentirse o arder en el infierno. Habría sido altamente medicado incluso antes de haber comenzado su preescolar.

> *Cuando recibimos un niño con mucho potencial, los requerimientos sobre nosotras son mayores.*

Por favor entienda que no digo esto para negar los verdaderos trastornos que se diagnostican entre los niños en nuestra sociedad actual. Como ya comenté antes, mi propio hijo fue diagnosticado con un informe de tres a cuatro páginas de complicaciones. Digo esto para animar a las madres de niños vestidos con piel de camello. Tal vez todos esos trastornos son solo una parte de la composición única que se necesita para que su hijo ejerza una influencia significativa en el mundo. Hay que destacar los aspectos positivos de este tipo de retos y formar a nuestros hijos para manejar lo que puede ser percibido como algo negativo. Hablemos con el médico de nuestro hijo, pero creo que la medicación debe ser reservada para ciertos trastornos en los que realmente es necesaria, y no por la conveniencia de hacer que la formación y la crianza de nuestros hijos no sean una carga o un dolor de cabeza. No es fácil criar a un niño vestido con piel de camello. Sin embargo, si Dios nos dio a ese bebé es porque tenemos lo necesario para desbloquear el potencial dentro de él o de ella.

No podemos dejar que estos niños actúen de forma desenfrenada e indisciplinada simplemente porque son diferentes. Todo lo contrario. Ellos tienen una mayor responsabilidad sobre sus hombros de aprender a vivir una vida de entrega a Dios y de obediencia a sus mandatos. "A todo el que se le ha dado mucho, se le exigirá mucho" (Lc. 12:48). Su diagnóstico no puede convertirse en una excusa. Simplemente es un reto, y eso puede parecer injusto a veces. Pero es que no siempre será justo. Cuando recibimos un niño con mucho potencial, los requerimientos sobre nosotras son mayores. Las que tenemos niños vestidos con piel de camello podemos llorar muchas lágrimas y experimentar dolor y rechazo. Tenemos que aferrarnos al Espíritu Santo por dirección y orientación, porque no existe un manual para nuestra tarea y asignación. Elisabet fue llena del Espíritu Santo mientras Juan estuvo en su vientre (Lc. 1:41), ¡y nosotras como madres también necesitaremos de esa unción!

ENSEÑAR EN LUGAR DE AJUSTAR

Ya hablé de algunos de los desafíos que enfrentó nuestro hijo Isaiah. Al criarlo, tuve que dejar de preocuparme de las últimas tendencias en la crianza de los hijos. Tuve que ignorar la tentación de compararlo con otros niños, y dar cabida a todo lo que deseaba para que se encaminara fácilmente en su viaje. Tuve que disciplinarme a andar diariamente con un oído atento a la ventana de los cielos. El Espíritu Santo mismo me dirigió en las estrategias diarias prácticas para moldear a Isaiah para que se convirtiera en la flecha de Dios deseaba. El Espíritu Santo me recordó una y otra vez que Dios diseñó a Isaiah y que Él tenía el mejor manual de instrucciones que podía tener para tratar con mi amado bebé. Tenía que consultar al fabricante y no a mis emociones o miedos. Empecé a experimentar toques y susurros del Espíritu Santo en mi caminar diario como madre. Aprendí a interceder mientras lavaba la ropa, limpiaba y conducía hacia y desde la escuela. Tuve algunos de los encuentros más importantes con Dios mientras estaba sentada en el piso de la sala o en la cocina. A veces como madres estamos demasiado distraídas y ocupadas para escuchar sus susurros, pero no estamos solas. Dios nos ve y se preocupa. Invitémoslo a ser una parte diaria del proceso de crianza de nuestros hijos.

Incluso antes de tener conocimiento de los diagnósticos de Isaiah, recibí instrucciones radicales y a veces hasta ridículas que tuvieron consecuencias sin precedentes. Por ejemplo, recibí instrucciones sobre Isaiah en cuanto a sus raras mañas al comer. Isaiah tenía serios problemas con las texturas y solo quería comer algunos alimentos específicos. Dios me pidió un día que dejara de ajustarme a sus peticiones y que le enseñara a comer lo que su cuerpo necesitaba. Para mí era práctico darle *nuggets* de pollo a Isaiah en cada comida, pero no era lo mejor para él ni para su futuro. El Espíritu Santo me susurró: "¿Y si lo envío a China un día? Él tiene que aprender a comer lo que pongan delante de él". Y ahí empezó la batalla. Le serví a Isaiah, así como el resto de la tribu, un plato de lo que estaba preparado para la cena de ese día. Isaiah tenía que comer un determinado número de bocados de cada comida, aunque le produjera nauseas. Aprendimos a expresar lo agradecidos que estábamos por la comida cuando era puesta delante de nosotros, sin emitir ninguna queja. Comencé a presentarle algunos alimentos varias veces, aunque no le gustaran, y para mi sorpresa comenzó a desarrollar un gusto por ellos. Con el tiempo dejó de hacer muecas, pero le tomó bastante tiempo. Aprendió a superar, o al menos manejar, sus preferencias alimenticias. Aprendió a comer por supervivencia y por salud, y no siempre a su gusto. Hoy puedo testificar por la gracia de Dios que como adolescente, Isaiah es uno de los que mejor come, sobre todo cuando se trata de comidas de otras culturas. Puede que no le guste todo, ¡pero no tiene miedo a probar! ¡Alabo a Dios cuando escucho comentar de él que no hay nada que él no coma! Lo veo probar cosas nuevas y dejar el plato vacío. Como madres, a veces pasamos demasiado tiempo ajustándonos a cosas que se supone que debemos erradicar de la vida de nuestros hijos. Ellos no pueden criarse a sí mismos Hay decisiones que no les corresponden, como por ejemplo los alimentos que consumen. Cuando la verdadera hambre golpea, el niño va a comer y estará agradecido por lo que está en su plato. La comodidad es muchas veces enemiga de la verdadera crianza.

En otra ocasión, el Espíritu Santo me dio un codazo por la obsesión de Isaiah con el orden. Para ese momento no lo sabíamos, pero Isaiah fue diagnosticado con trastorno obsesivo compulsivo leve (TOC). Isaiah amaba los trenes y era conocido por enojarse si una pista o un tren estaba fuera del orden en que lo había colocado. Se tiraba en el suelo y lloraba sin control si algo no funcionaba como él deseaba en su juego de trenes. Esto podía también aplicarse para casi cualquier cosa en la vida de Isaiah. Él necesitaba un alto nivel de control sobre el mundo que lo rodeaba, pero se trataba de un problema que teníamos que enfrentar. Isaiah jamás sería capaz de controlar la totalidad del mundo a su alrededor, y si este deseo de control permanecía sin tratar, podría dar lugar a un futuro muy triste y frustrante. El orden no siempre es alcanzable en esta cosa que llamamos vida. Isaiah tuvo que aprender que aunque deseara y buscara orden y estructuración, si la vida le lanzaba una bola curva, él tenía que ser capaz de esquivar el golpe y aprender a contrarrestarlo. Como hijo de una pastora, tuvo que aprender a ser paciente y flexible con un horario que no siempre podíamos controlar.

Un día entré en la habitación de Isaiah, y el Espíritu Santo me dijo: "Desordena uno de sus trenes". Creo que tuve un ataque de pánico en ese momento, porque conocía el tornado de emociones que eso generaría en él. Como madre, también experimentaba ansiedad cuando sabía que Isaiah estaba a punto de explotar. Todo el mundo tenía miedo de tocar sus trenes. Yo no entendí por qué el Espíritu Santo me estaba pidiendo eso, pero había aprendido a obedecer y confiar, así que moví su tren favorito. Solo unos momentos pasaron hasta que Isaiah llegó brincando por el pasillo hasta su habitación. ¡Tan pronto como puso sus ojos en la mesa de tren, se dio cuenta de que lo impensable había ocurrido! De inmediato cayó al suelo en una mezcla de emociones. Pronunció palabras ininteligibles, golpeó el suelo y gritó. "¿Y ahora qué?", pensé. El Espíritu Santo me dijo: "Ahora dale amor, pero no seas transigente". Mi primera reacción fue poner el tren donde estaba para que se tranquilizara. Pero tenía que recordar que aunque esa habría sido una solución fácil, no habría sido lo mejor para su futuro.

Me tiré al piso con Isaiah y envolví mis brazos alrededor de él. Ni siquiera le prestó atención al amor que estaba tratando de ofrecerle en ese momento, pero le dije:

—Isaiah, todo va a estar bien. Es normal que un tren a veces se salga de orden. A veces la vida es desordenada, y vamos a aprender a lidiar con lo que sientes en este momento.

—¡Lo sé! —me respondió—. Solo quiero que esté como antes.

—Lo entiendo, Isaiah —le dije—, pero ahora quiero que

respires y te ocupes de lo que sientes. No siempre todo puede ser como queremos, y quiero que confíes en mí.

Lloramos, él objetó, y conversamos hasta que una forma menor de calma se apoderó de él. Lo distraje con otra cosa y coloqué el tren como estaba.

Repetí esto varias veces durante las próximas semanas y meses hasta que Isaiah comenzó a confiar más en lo que le decía. Yo siempre le decía que el tren podía ser devuelto a su lugar, pero no ahora. Me sentía como una madre que torturaba a su hijo, pero el Señor me hizo entender ese día que era un aprendizaje. Lo estaba entrenando para superar un problema que tenía que habría dificultado su futuro. Con el tiempo se dio cuenta de que el mundo no se caía en pedazos si se movían sus trenes, y una paz vino a él cuando se dio cuenta de que podía sobrevivir a ello. Ya no era un miedo desconocido: era una realidad que tenía la capacidad de lidiar con ello. Dios me hizo entender que era mejor aprender a lidiar en los brazos de una madre amorosa que en la incertidumbre del mundo.

Pasamos demasiado tiempo ajustándonos a las circunstancias en lugar de enseñarlos y formarlos. La comodidad es enemiga de las madres porque no hay nada cómodo en la crianza de un niño. ¡Todo lo que es fácil no siempre es bueno! El amor dice: "Te amo demasiado como para dejarte así o como para que hagas frente a la vida por ti solo". Isaiah y yo desarrollamos un lazo muy fuerte gracias a momentos como ese. Tuve que ser paciente, cariñosa y tranquila para lograrlo, pero fue necesario porque necesitaba estar más preocupada por su futuro que por la comodidad de mi presente. Hubo momentos en los que solo lo abrazaba y oraba en el Espíritu Santo, pero a través de ellos aprendió a confiar en mí, incluso cuando yo lo frustraba. Aprendió a manejar reacciones que antes parecían incontrolables y a aprovechar los atributos únicos que Dios le había dado cuando era necesario. No rompimos o doblamos la fuerza de esos atributos, pero con la ayuda del Espíritu Santo tuvo que aprender a estar en el asiento del conductor de su propia voluntad, deseos y emociones. Un niño que no aprende a controlarse a sí mismo es como un caballo que no ha sido entrenado por su jinete. Puede tener todo el potencial del mundo, pero sus fortalezas se convertirán en peligros en lugar de un don desenfrenado y sin rienda.

LEVANTÉMONOS Y DECLAREMOS LA IDENTIDAD DE DIOS EN NUESTRO HIJO

Para resumir una larga historia llana de anécdotas, Isaiah comenzó a crecer, y Dios comenzó a darle forma a lo que yo había formado. Años después, vimos a un grupo de especialistas por recomendación de nuestro pediatra. Después de observaciones cuidadosas y extensas de terapeutas físicos y ocupacionales, psicólogos, y un especialista en desarrollo, la realidad de lo que había estado luchando como madre quedó clara. Kevin y yo recibimos un informe de tres a cuatro páginas con los diagnósticos de nuestro hijo, que iban desde trastorno por déficit de atención con hiperactividad (TDAH) hasta el TOC, y de trastornos de ansiedad hasta lo impensable: trastorno del espectro autista (TEA). Yo estaba aturdida, por decir lo menos, y me llamaron a una reunión con un especialista en desarrollo infantil. Después de leer el informe y de haber observado a Isaiah durante la mayor parte de la mañana, me hizo la pregunta más extraña:

—¿Cómo hizo usted?

—¿Qué quiere decir? —le pregunté.

Él respondió:

—Su hijo muestra todos los signos físicos de TEA, desde su estructura ósea, hasta sus métodos de juego. Sin embargo, socialmente y emocionalmente no hay coincidencia. Él hace contacto visual conmigo, y yo literalmente lo vi lidiando durante el juego con una situación que debería haberle causado estrés. ¡Nunca había visto a un niño aprender a controlar su enfermedad! Entonces me volvió a preguntar: "¿Cómo hizo? Sea lo que sea, debería compartirlo con nuestro grupo de padres de niños autistas. Lo que usted logró es extraordinario.

Me quedé petrificada, para decir lo menos.

—Yo ni siquiera sabía que mi hijo era autista, doctor. —le respondí—. Yo sabía que era algo diferente, y no me va a creer esto, pero yo oré y le pedí a Dios que me dijera qué hacer para ayudarlo. Nunca permití que su trastorno lo dominara, y siempre lo traté y lo formé como un niño normal.

Hubo un silencio incómodo, y luego el médico sugirió hacer más pruebas para tratar de entender qué pasó. Seguidamente le pregunté:

—¿Necesita alguna clase de tratamiento? Porque si no es así, estamos cansados de citas médicas.

Dijo que podíamos irnos y que Isaiah había recibido todo lo que podía haber necesitado.

De más está decir que el regreso a casa estuvo lleno de lágrimas, y luego de risas y elogios. En primer lugar, me sentí culpable porque durante todo este tiempo mi hijo tuvo una serie de trastornos y yo estaba totalmente ajena a ello. Luego alabé a Dios por haber estado ajena, porque si hubiera sido consciente, habría cedido a ello y posiblemente jamás habría desafiado a Isaiah a superar sus desafíos a temprana edad. ¡No podía creer que Dios había ayudado a mi familia a ganar una batalla que ni siquiera sabíamos que estábamos luchando! ¡Esa es la crianza guiada por el Espíritu Santo! Es la prueba de que no se trata de lo que nosotras como madres sabemos, ¡sino de lo que Él sabe como Creador! Hasta el sol de hoy Isaiah nunca ha tenido que tomar un solo medicamento para cualquiera de sus trastornos, y nunca ha tenido que estar en una clase especial en la escuela, o recibido alguna excepción especial. De hecho, frecuentemente es listado en el cuadro de honor de la escuela. Hay veces en las que el enemigo levanta la cabeza, y entonces Isaiah y yo tenemos que volver al campo de batalla para lidiar con el yo y sus tendencias; pero con confianza, mucho amor, paciencia y oración siempre lo ha superado. Isaiah es uno de los niños más únicos y espirituales que he conocido. Su percepción sensorial y su mentalidad única le permiten escuchar y ver en el espíritu de una manera única.

A veces me pregunto si nuestra sociedad ha elegido un frasco de pastillas para enfrentar la vida en lugar de buscar una vida de oración para encontrar estrategias. Me he dado cuenta y he visto personalmente casos en los que una medicina es absolutamente necesaria en la vida de un niño, algunas veces para que pueda concentrarse y mejorar su estado emocional durante una temporada. Dicho esto, muchas veces también preferimos usarlas en nombre de la conveniencia. Esta puede parecer una declaración dura, pero estoy convencida de que muchos niños con casos leves de TOC, trastornos sensoriales, e incluso TEA y TDAH simplemente han sido creados diferentes debido a un llamado y un propósito únicos. Creo que estos niños vestidos con piel de camello están destinados a ver y escuchar de manera profética en nuestra sociedad. Oro para que las madres consagradas como Elisabet se levanten y declaren que la identidad de su hijo es decisión de Dios, y que las etiquetas no son una opción. Elisabet no permitió que otros (la sociedad) le pusieran el nombre a su pequeño. Su nombre era Juan, diferente y poco convencional. Como madres, no debemos permitir que otros coloquen etiquetas y nombres a la identidad de nuestro hijo. Incluso aunque tenga un verdadero trastorno, ¡eso no tiene por qué afectar su identidad! Si Elisabet hubiera escrito un libro, nos hablaría de los desafíos que enfrentó con un niño como Juan, que estuvo en el Espíritu desde el vientre. Elisabet sabía que Juan no era suyo, sino un regalo de Dios. Ella sabía que él había sido creado para un propósito específico.

El regreso de Cristo está cerca, y esta generación tiene un mandato similar al de Juan: preparar el camino del Señor. Él no está levantando una sola voz profética como lo hizo en el tiempo de Cristo, sino una generación de voces proféticas que hará temblar a las naciones con el mensaje del Mesías, una generación que recoja los mantos de los exgenerales de la fe que cayeron al suelo, así como Juan tomó el manto de Elías.

Oro para que las madres consagradas como Elisabet se levanten y declaren que la identidad de su hijo es decisión de Dios, y que las etiquetas no son una opción.

Elías es el único profeta registrado en las Escrituras que también estaba vestido de piel. La tradición judía enseña que el manto de Elías era mantenido a la derecha del altar del incienso, que era donde Zacarías estaba cuando el Señor se dirigió a él en relación con su hijo, Juan.[4] Juan pudo haber llevado literalmente la prenda de Elías, en cumplimiento de lo que Cristo profetizó cuando dijo que vendría uno con el espíritu y el poder de Elías. Oh, que nuestros hijos puedan recoger los mantos caídos que nuestra generación ha permitido que permanezcan como monumentos. Las vestiduras de camello son un manto protector que puede adaptarse a los cambios y a las temperaturas adversas. Es una piel dura, un recubrimiento que mantiene la temperatura en el interior constante cuando las temperaturas externas son extremas. Los camellos habitan en el desierto a temperaturas máximas y mínimas extremas. La tan criticada ropa de Juan de hecho era lo que lo mantenía a salvo mientras habitaba en el desierto. Su manto era todo su equipo. Y con él es que tenemos que vestir a nuestros hijos: con una piel dura que los mantenga firmes en una sociedad constantemente cambiante, una prenda que los proteja del calor de las flechas del enemigo, ¡y que evite que se congelen en las frías atmósferas de la religión y la indulgencia! La piel de camello es un recubrimiento firme que se mantiene constante internamente, a pesar del cambiante entorno externo.

Dios está llamando a nuestros hijos a lucir diferentes, a que coman diferente, a que hablen diferente, y a que suene diferente a la sociedad que nos rodea. Una generación que rompa los moldes de la religión y la indulgencia y que levante una voz que no pueda ser silenciada; una generación cuya voz sea la trompeta que anuncie la llegada del Mesías y que haga volver los corazones de los padres a los hijos y de los hijos a los padres. A fin de levantar una generación de niños vestidos con piel de camello, Dios está buscando un ejército de madres similares a Elisabet, que no se preocupen por la opinión popular y que no caigan en el juego de la comparación. Él está buscando madres que realmente vean el potencial del niño que les ha sido confiado y que actúen en el Espíritu diariamente. Él está buscando madres que hayan sobrevivido el dolor del proceso y que estén entregadas al Señor. ¡Levántate, Elisabet, y permite que el Señor haga de tus manos un arma! ¡Dale forma a tu flecha, como Dios manda, y observa al Espíritu de Dios agitar a una comunidad y a una nación por tu obediencia!

Declaro la manifestación de una generación como Juan el Bautista que preparará el camino para el regreso de Cristo. Que clame en voz alta y rompa las ataduras de la religión sobre la iglesia rompiendo todos los moldes. Declaro que nuestros hijos permanecerán firmes y constantes en la fe, aunque el mundo que los rodea cambie. Que se nieguen a permanecer en silencio y que declaren la verdad en contra del engaño de la sociedad, ¡y que sean inquebrantable e imparables para el Reino de Dios! ❖

Capítulo 9
LA LIBERACIÓN DE LOS HIJOS: UN ACTO DE ADORACIÓN

M I ESPOSO KEVIN y yo comenzamos a pastorear nuestra iglesia cuando éramos relativamente jóvenes. Ambos teníamos apenas veintidós años cuando llegamos a las afueras de Chattanooga. Jeremiah tenía quince meses de nacido y yo tenía ocho meses de embarazo de nuestro otro hijo, Isaiah. No sé por qué, pero con el nacimiento de nuestro segundo hijo experimentamos una transición en nuestra vida personal, nuestro ministerio y nuestra iglesia. Era como si estuviéramos "embarazados" del Espíritu cada vez que yo tenía un embarazo físico. Estoy segura de que todas lo hemos vivido. Con el próximo nacimiento de Isaiah sentimos una transición física y espiritual, y me encontré en un nuevo lugar rodeada de gente nueva y en un nuevo papel nunca había desempeñado antes.

LA DESESPERACIÓN: EL CALDO DE CULTIVO PARA LAS ESTRATEGIAS DE DIOS

Tratar de encontrar mi identidad como mamá de dos niños pequeños y como esposa del nuevo pastor de una pequeña iglesia, no fue un reto fácil. Estaba tan preparada para ser una esposa de pastor como lo estaba para montar toros en el rodeo. ¡Jamás he montado un toro en mi vida! No sabía lo que estaba haciendo o en lo que me estaba metiendo. Había visto el ejemplo de mi abuela durante mi niñez, ella había sido esposa de un pastor metodista y a su vez tocaba el órgano, pero yo no tocaba el piano y ciertamente no había heredado su gracia y paciencia.

En muchos aspectos me sentía como un pez fuera del agua, y me costaba muchísimo encontrar el equilibrio. Entonces, se me otorgó el liderazgo del ministerio de la mujer de la iglesia, y ahora me río al recordar cómo todo comenzó. Uno de los diáconos de la iglesia se me acercó, me colocó un talonario de cheques en la mano y dijo: "Aquí está el talonario del ministerio de la mujer. Hay unos pocos cientos de dólares en la cuenta. Alguien tiene que llevar esta cuenta y creo que le corresponde a usted". Y eso fue todo. Esa fue mi introducción al ministerio de la mujer.

Todo lo que había ganado hasta el momento era el ministerio de la mujer, y no era algo en lo que hubiera deseado participar y ciertamente tenía poco deseo de llevar a otras mujeres a participar. Así que, ¿qué podía hacer? Lo que cualquier nueva mamá y esposa joven de pastor haría: ¡Llorar! Mis lágrimas me llevaron a clamar al Señor y apoyarme en Él en busca de orientación y estrategias. Parece que mi desesperación, acompañada de una falta de formas e ideologías humanas, fue el caldo de cultivo para obtener ideas y estrategias de parte de Dios. Durante esta época de mi vida, Dios comenzó a hacer nacer en mí sueños a su medida y una visión de su Reino para las mujeres, y empecé a correr con todas sus fuerzas en dirección al cielo.

Empezamos con el retiro anual de mujeres, que con el tiempo se transformó en una conferencia y ahora es la Conferencia Mujeres de Fuego, que celebramos cada año en agosto. Solo catorce mujeres asistieron al primer retiro, pero ahora vienen mujeres de todo el mundo a llenar nuestro santuario en una reunión en la que se rompen todas las reglas de la tradición y en la que realmente se busca el rostro de Dios y se experimenta su gloria.

Todo comenzó con un sí; con rendición. Nunca olvidaré cuando el Señor me pidió que me rindiera, en uno de los primeros retiros de mujeres. Acababa de terminar de hablar con las damas y estábamos teniendo un tiempo de oración sencillo.

Todos los que estaban en la sala de reunión estaban clamando a Dios, y en ese tiempo de oración experimenté una de las pocas visiones abiertas que he tenido en mi vida. Por un momento ya no estaba en el retiro, y no tocaba el suelo. Por un momento el Señor me llevó a otro lugar. Al abrir los ojos de la oración, no vi el piso de madera, sino un camino de tierra y arena, como un camino sin pavimento. Pude ver mis pies en movimiento, y pude ver que mis pies tenían sandalias. Eran unas sandalias sencillas de cuero cosido. Hacía calor, y la visión era tan real que podía sentirlo. "¿A dónde vamos?", le pregunté al Señor en mi corazón. No recibí respuesta, así que seguí caminando. Luego de unos momentos vi unos escalones de piedra. Era tan extraño, pero mi perspectiva visual del sueño se limitaba a los pasos que mis pies tomaban. En otras palabras, solo podía ver un paso a la vez. Mi perspectiva no me permitía ver toda la escena. Esto es muy significativo a lo que el Señor estaba tratando de decirme en esta visión. Soy una persona con mucha perspectiva de las cosas, pero el Señor me estaba invitando a limitar mi visión a un paso a la vez. Si hubiera visto el cuadro completo, ¡podría haber dejado de caminar hacia adelante y correr en otra dirección! Pero solo estaba avanzando según su guía, sin tener idea de hacia dónde iba.

Cuando llegué a los escalones de piedra, mis pies dejaron de moverse hacia adelante y permanecimos en un incómodo silencio. Entonces el Señor finalmente me habló: "Ponlo aquí — me dijo—, déjalo aquí junto a mí". Entonces, en una avalancha de emociones intensas, lo que antes me había sido ocultado me fue revelado. Este viaje tan misterioso de repente comenzó a abrirse ante mí. Estaba de pie en la entrada del templo. Era como si yo era Ana, pero en lugar de pedirme a Samuel, me estaba pidiendo a Jeremiah. Dios me pedía que lo llevara al templo y lo dejara allí. La historia bíblica cobró vida para mí. Sentí que estaba viviendo el primer capítulo del libro de

Samuel, y pude sentir el corazón de Ana por primera vez. Me di cuenta en ese momento del gran sacrificio que hizo en dar a su pequeño hijo al Señor, y lo desgarrador que debió haber sido su acto de obediencia. Cuando colocó a su hijo en los brazos de Eli y luego se dio la vuelta para alejarse, ella no tenía un automóvil al cual subirse y arrancar para no oír el llanto de su bebé. Así como tuve que caminar lentamente hacia el templo, me di cuenta de que tendría que dar la vuelta y alejarme, pensando en cada paso en lo que acababa de hacer, oyendo la voz de mi pequeño todo el tiempo.

No solo lloré, lloré amargamente. Le pregunté al Señor por qué. Él respondió: "Te necesito y también lo necesito a él. Tú te encargarás de él, pero no lo controlarás".

Confiar en Dios

De alguna manera entendí en ese momento lo que el Señor quería decirme. A pesar de que después estudié la historia para entender la profundidad de lo que me estaba diciendo, entendí que había estado tratando de controlar a mi hijo. Mi identidad estaba enfrascada en ser su madre, y estaba obsesionada con él, intentando llevarlo hacia la perfección. Tenía mis propios sueños para él y mis propios planes. No lo dejaba respirar sin notarlo. No le permitía siquiera ir a la guardería o a la escuela dominical de la iglesia porque lo mantenía continuamente a mi lado. Nada de esto estaba mal, pero estaba definitivamente obstruyendo el camino de Dios. Dios me lo dio para ser administradora de su vida, no su dios o para determinar su futuro. Tenía que liberarlo, aunque pareciera que era demasiado joven e incluso si me dolía. Ana debió sentir dolor; ella pudo haber pensado que lo que estaba haciendo era una locura. Estoy segura de que las otras madres hablaron de ella y dijeron que era una terrible madre que acaba de abandonar a su hijo. Pero Dios nunca le pidió que lo abandonara. Él solo le pidió que liberara a Samuel para Él, que lo colocara fuera del alcance de su control.

La liberación de Ana fue un acto de adoración. Al leer el primer capítulo de 1 Samuel, veremos que ella trajo una ofrenda de adoración cuando entregó a su hijo. Fue cuidadosa con sus palabras al decir que ella "se lo entregó al Señor" y no a Elí (1 Sam. 1:28, NVI). Ella lo estaba entregando a Dios y no a un hombre, y para ella eso era un acto de adoración. Así como la disposición de Abraham de sacrificar a Isaac fue un acto de adoración a Dios, también lo es la liberación simbólica de nuestros hijos a Él. Es una señal satisfactoria de la entrega de todo lo que es valioso para nosotros. Es la retención de tal sacrificio lo que desagrada al Señor y muestra una falta de entrega y de confianza. En la historia de Caín y Abel, Caín ofreció un sacrificio de conveniencia y de menor valor que el de Abel. El sacrificio de Abel era un sacrificio de obediencia y de vida (Gn. 4:3–5; Heb. 11:4). Lo que ponemos en el altar delante del Señor determina la cantidad que tenemos de Dios en nuestra vida. ¿Le estamos confiando a Dios lo que es más valioso para nosotras?

> *Había estado tratando de controlar mi hijo. Pero Dios me lo dio para ser administradora de su vida, no su dios o para determinar su futuro. Tenía que darle un poco de libertad.*

Yo no sabía lo que Dios iba a pedirme que hiciera con mi vida, y aún estoy viendo los planes de Dios para mi hijo Jeremiah desarrollándose. Fue una lección en liberación de la cual hasta ese momento no estaba dispuesta a participar. Sin duda, había dedicado a mi hijo a la Iglesia, pero no lo había entregado realmente al Señor. Todavía estaba muy aferrada a él y estaba exprimiendo su vida y la mía. Dios me estaba pidiendo que lo aflojara y que le confiara a Él el muchacho que Él mismo creó. Dios me necesitaba para que fuera la madre de Jeremiah, pero no para que fuera su dios. Esto es algo que toda madre del Reino debe aprender en su viaje, desde el principio hasta ahora. Desde Eva hasta María y Elisabet, todas tuvieron que soltar el control y darse cuenta de que no eran las encargadas del destino de sus hijos, sino simplemente las administradoras del plan de Dios. Dios les pidió que actuaran en obediencia radical a su voluntad y no la suya propia, aunque les fuera doloroso.

¿Cómo es la liberación? Esto es exactamente lo que Dios me dijo: Tú lo vistes, pero no lo controlas; lo cubres y equipas, pero no diriges el barco. Los niños necesitan cobertura, protección y capacitación, y muchas madres han delegado esa responsabilidad a los maestros, niñeras u otros miembros de la familia. Ellos son necesarios en el proceso de crecimiento y desarrollo de los niños, pero ninguno ha de

> *Los niños no son un obstáculo para nuestras vidas y nuestro futuro; al contrario, nos ayudan a encontrar el camino. Nuestros destinos están íntimamente conectados, nuestros futuros están entrelazados.*

tomar el lugar o la responsabilidad dada por Dios a los padres, ya sean biológicos o de crianza. Las madres hoy en día están saturadas de opciones que son convenientes y hacen que la vida y la crianza de los hijos sea más fácil, pero que ciertamente no siempre son las más recomendables. Desde las comidas, los videojuegos y las relaciones interpersonales, hemos negociado la paternidad divina por una que nos ofrece mayor comodidad y facilidad. Lo triste es que nuestros hijos son los que sufren las consecuencias. Dios no me estaba dando un permiso para lanzarle a Jeremiah a otra persona. Él no me estaba pidiendo que desplazara la responsabilidad a la iglesia o a la escuela o una niñera mientras yo alcanzaba mi propia vocación y objetivos. De hecho, eso no podría estar más alejado de la verdad. Mi presencia en la vida de Jeremiah no obstaculizaría su futuro más de lo que su presencia en mi vida obstaculizaba mi destino. Los niños no son un obstáculo en nuestras vidas y en nuestro futuro; al contrario, nos ayudan a encontrar el camino. Nuestros destinos están íntimamente conectados, nuestros futuros están entrelazados. Jeremiah es parte de mi futuro y yo soy parte del suyo, y ambos tenemos la unción de nuestra asignación por delante. Dios estaba cambiando mi estilo de crianza de propietaria a administradora.

ADMINISTRADORA VERSUS PROPIETARIA

La propiedad es el derecho de posesión que se basa en un título. El propietario dice: "Es mío y tengo el derecho de poseerlo o de tomar posesión". Aunque un tribunal de justicia afirmaría eso en el caso de mi hijo, el Reino de Dios tiene un concepto diferente. Administración es gestión en lugar de propiedad. Un administrador es una persona que actúa como un sustituto en nombre de otro; cuidando lo que otro posee. Al igual que una madre de alquiler, un administrador se encarga de lo que no es suyo, como si realmente fuera de su propiedad. Su relevancia y valor como administrador se basa en su capacidad para tener un excelente cuidado de lo que en realidad es suyo. Jesús contó la parábola de los siervos buenos y malos en Mateo 25:14–30, y se refirió al mismo concepto en Lucas 16:11. El siervo malvado ocultó la moneda que le había sido dada por el Maestro, y no obtuvo ninguna ganancia. El siervo bueno invirtió su moneda y fue recompensado por la ganancia que se produjo como resultado. Si comparamos esto a las madres y a sus hijos, se verá que la liberación es lo que trae aumento, no acaparar y esconder.

Un administrador no solo debe ser capaz de hacerse cargo de lo que se le ha confiado como si fuera propio, sino que debe también liberarlo. Los administradores deben estar dispuestos a renunciar a los derechos ante el verdadero propietario cuando llegue el momento. A pesar del hecho de que una madre de alquiler puede soportar la dureza del embarazo y el parto, y puede incluso desarrollar un vínculo maternal, debe liberar el bebé a los padres al nacer. Es el momento en que la liberación es exigida. Esto puede parecer injusto, pero ese fue el acuerdo cuando se le dio la oportunidad de llevar el bebé. Las madres del Reino entienden que su papel es el de administrar y no poseer. Yo soy tan solo una administradora, y el verdadero Padre y Creador de Jeremiah me exigió sus derechos sobre él.

Y lo hice. Participé en el momento más profundo de adoración que había experimentado en mi vida hasta ese momento. A través de cegadoras lágrimas y emociones indescriptibles puse a Jeremiah en el templo desde ese día. Me di la vuelta y me alejé, al menos en el espíritu, y dije adiós a controlar su vida. Se lo entregué a Dios y rendí a Él mi identidad única como madre. Los dos nos rendimos ese día, y mi vida nunca más fue las mismas. Algo cambió: nuestro destino se abrió en ese momento y continúa activo en nuestras vidas. ¡Nunca subestimemos el poder de un momento de obediencia! Hasta el día de hoy, en cada decisión que tomamos sobre el futuro de nuestros hijos, Dios me recuerda ese momento crítico de la entrega. En tiempos de toma de decisiones, a menudo se oye el susurro del Espíritu Santo: "Vístelo; pero no lo controles". Aún experimento la prueba de la entrega como un proceso continuo. Pasé aquella prueba, pero con cuatro hijos, no sería mi último encuentro de esa magnitud.

Como madres, la invitación es a tener la mentalidad de administradoras y no de propietarias. A medida que nuestros días en esta tierra se hacen más cortos y vemos la revelación del Reino de Dios entre nosotros y la cercanía su regreso, Dios está llamando a un remanente profético. Él ha decidido ungir y capacitar a nuestros hijos e hijas para que sean una señal y maravilla para su generación. Su tiempo es ahora, no en el futuro, y Él está buscando más Anas que liberen a sus hijos a su voluntad y sus planes. Él está buscando madres que den todo en la forma más elevada de adoración. Un Samuel cambió a toda una nación. Él cambió todo y rompió el ciclo de la corrupción religiosa. La rendición de una madre la salvó no solo a ella sino también al pueblo de Dios. ¿Qué habría pasado si Ana no hubiera obedecido? La nación entera habría sufrido. ¿Podemos como madres darnos el lujo de no obedecer también? ¿Cómo podemos negarle a Dios lo que nos ha dado libremente?

Hoy, Señor, hacemos una declaración de rendición a ti, Padre. Nosotras como madres renunciamos al control. Lo que nos has confiado lo entregamos libremente, y asumimos la posición de administradoras en lugar de propietarias. Declaramos que nuestras manos cubrirán, más no controlarán, el destino de nuestros hijos e hijas. Nos encargaremos de revestirlos en las promesas de Dios, en su Palabra y en establecer una barrera entre nuestra semilla y la influencia del enemigo. Te adoramos con nuestra entrega y confiamos en ti como el Capitán de su futuro. Amén. ❖

Capítulo 10
PERFECCIONEMOS LA LIBERACIÓN

$\ggg\!\!\!\!\!\bullet\!\!\bullet\!\!-\!\!\!\!-\!\!\!\!-\!\!\!\!-\!\!\!\!-\!\!\!\!\bullet\!\!\ggg$

COMO MADRES, TENEMOS que estar listas para la etapa de la liberación. Hay que prepararse para ella, porque nosotras no determinamos cuándo llegará ese momento. La liberación ocurre cuando el Señor determina el tiempo que es el momento y necesaria esa flecha.

SORPRENDIDAS POR LA LLEGADA DE LA LIBERACIÓN

Yo personalmente sé lo que es enfrentar una etapa de liberación para la cual no se está preparada. A lo largo del crecimiento y desarrollo de mis hijos, siempre me he mantenido cerca de ellos y he estado muy involucrada en cada aspecto de sus vidas. Su educación no ha sido una excepción. Cada año, Kevin y yo tratamos de permanecer atentos a cómo el Señor nos dirigiría, y cada año Él parecía bendecir nuestras decisiones. Aprendimos rápidamente a no casarnos con la decisión de una temporada específica, porque en la vida todo cambia. Las necesidades educativas de nuestros hijos pueden cambiar, y lo que funciona durante un tiempo no siempre es suficiente para otro tiempo. Hemos aprendido a movernos con la nube y a confiar en la dirección del Espíritu. Hubo años en los que educamos a los niños en casa, y otros en los que inscribimos a los niños en una escuela cristiana privada. Hubo incluso una corta temporada en la que pusimos a nuestros hijos en la escuela pública. Independientemente del momento, yo estaba segura de que su entorno era propicio para su crecimiento y desarrollo, y que crecían en su vida espiritual.

A medida que mis hijos se acercaban a su transición a la escuela secundaria, Jeremiah comenzó a expresar su deseo de asistir a un internado para varones de gran prestigio en nuestra ciudad. En el momento vivíamos a bastante distancia de la escuela. Estaba tan lejos, que Kevin y yo descartamos la sugerencia de Jeremiah cada vez que lo mencionó. Es una gran escuela, pero definitivamente no una escuela cristiana. Niños de todo el país y del mundo asistían a ella, trayendo sus propias religiones y filosofías de vida, la mayoría de las cuales eran muy diferentes a como habíamos criado a nuestros hijos. Nunca se me ocurrió que Dios tenía esto en los planes de vida de mis muchachos durante una temporada.

Casi al mismo tiempo en que este deseo se inició en Jeremiah, Dios comenzó a abrir las puertas para que nuestra iglesia tuviera una segunda sede en una ubicación dentro de la ciudad. Nunca olvidaré que el día que Kevin nos llevó a ver el templo que podría ser nuestra iglesia, el Espíritu Santo me tomó mientras pasábamos por la escuela de la que Jeremiah había estado hablando. De hecho, la nueva iglesia estaba a menos de una milla de la escuela. Lo que sentí en el espíritu ese día me hizo tomar la sugerencia de Jeremiah mucho más en serio. Empecé a darme cuenta de que Dios estaba cambiando nuestra influencia hacia esa comunidad, y que ya había comenzado a apegar el corazón de mi hijo al lugar. Ya era primavera, y él estaba en quinto grado. Para ese entonces los educábamos en casa, y mi primera excusa delante de Jehová fue que no había manera en que ellos tuvieran un cupo para él. Las inscripciones habían sido en el otoño, y eran conocidos por tener listas de jóvenes en espera para inscribirse. Su proceso de admisión era muy exclusivo. Unos días después de que el Espíritu Santo me tomó, me decidí a llamar y al menos descartar la posibilidad. Para mi sorpresa y la sorpresa del director de admisiones con el que hablé, tenían un cupo disponible. ¡Un alumno acababa de irse! Mi corazón se aceleró. ¿Habría Dios apartado ese cupo para mi hijo?

Entonces apareció mi segunda excusa ante el Señor. No había manera de que pudiéramos pagar la matrícula de esta escuela. ¡Jamás esperé que nos pidieran que pasáramos por la oficina de admisiones para registrarlo formalmente! ¿Qué estaba haciendo? Sin embargo, el Espíritu Santo me siguió impulsando a seguir, a pesar de que yo no entendía totalmente. En medio del proceso de registro, descubrimos que nuestro hijo calificaba para una beca. ¡Lo que nunca pensé que podríamos costear ahora se hacía posible! Kevin y yo comenzamos a reconocer que la mano de Dios estaba actuando a favor de nuestro hijo, y entendimos que teníamos que llevar este asunto ante el Señor en oración. Ninguno de los dos había deseado esto para cualquiera de nuestros chicos. Teníamos dudas en cuanto al ambiente mundano en el que estaríamos sembrando a nuestro. Era lo contrario a todo lo que habíamos valorado como opciones educativas hasta ese momento.

La liberación de Moisés

En una temporada de ayuno y oración ante el Señor, Dios me habló a través de la historia de una madre llamada Jocabed en la Biblia. Tal vez usted no la conoce por su nombre, pero ella es la madre de Moisés en el libro de Éxodo.

Jocabed y su marido eran una pareja judía dedicada a criar a su familia durante el difícil período de la esclavitud en Egipto. Eran esclavos, y por lo tanto sus hijos también; y como si la servidumbre no fuera suficiente, Jocabed dio a luz a un bebé durante el horrible momento en la historia egipcia en el que el faraón asesinó a miles de bebés hebreos (Éx. 1:13–14, 22). El faraón vio que los hijos de Israel estaban creciendo en número y tuvo miedo, así que decidió detener ese crecimiento matando a todos los bebés varones. Él no estaba tan preocupado por la generación existente, sino por la nueva generación. El enemigo sigue pensando igual. Él quiere acabar con nuestros bebés, nuestro futuro y nuestra herencia. Creo que el mismo Satanás influyó sobre el Faraón para que matara a los bebés varones de los hebreos, porque Satanás quería destruir a aquel a quien Dios había ungido para liberar a su pueblo. Estaba detrás de Moisés. Y seguimos viendo el mismo patrón actualmente en el enemigo, quien ha desatado una misión despiadada para destruir a los hijos del Reino de hoy. Solo por medio del aborto han sido asesinadas innumerables voces proféticas potenciales para nuestro mundo. Hay una razón por la cual Satanás odia a nuestros hijos: él conoce su potencial para derrocar su reino. Él sabe que somos más y más poderosos que él, así como el Faraón lo supo.

Jocabed vio algo en Moisés desde el momento en que puso sus ojos en él. La Palabra dice que vio que era un niño "hermoso", es decir, valioso, rica y agradable (Éx. 2:2).[1] Este momento representaba más que una madre enamorándose de su bebé recién nacido. Ella vio algo en él en el espíritu y entendió que él debía ser separado para un gran propósito. Como madres del Reino debemos tener este tipo de visión. No podemos limitarnos a la apariencia exterior de nuestros hijos. En su lugar, tenemos que ver con visión espiritual su valor y su potencial en el Reino. Lo que Jocabed vio la llevó a tomar decisiones extremas con respecto al cuidado de su hijo, y lo que vemos en nuestros hijos e hijas determinará las decisiones que tomamos relacionadas con su futuro.

La primera estrategia de Jocabed para proteger a su hijo y el propósito que debía cumplir fue esconderlo (Éx. 2:2). Literalmente, lo ocultó de la vista del enemigo y lo cubrió continuamente. Esto era lo mejor y más seguro durante la primera etapa de su vida, y podemos ver este mismo paralelismo en el cuidado de nuestros propios hijos. Hay una etapa para ocultarlos, para abrazarlos y para mantenerlos cerca. Incluso a Ana se le permitió mantener a Samuel hasta que fue destetado antes de que lo presentara en el templo (1 S. 1:22). Como madres, este es un comportamiento natural: tenemos la necesidad de proteger a nuestros hijos de todo daño, y es un instinto dado por Dios.

Sin embargo, la historia del Éxodo nos dice que llegó un momento en el que Jocabed ya no pudo ocultarlo más (Éx. 2:3). Ella no podía permitir que lo que había sido la mejor opción para una temporada se convirtiera en un peligro para la próxima. La temporada había cambiado, y con ella su papel como protectora en su vida. Tenía que encontrar una nueva estrategia para proteger el valor y el potencial que ella veía en él. Tuvo que liberarlo para salvarlo.

La preparación para la liberación

El faraón ordenó que todos los niños fueran arrojados al río Nilo para que se ahogaran (Éx. 1:22). ¡Qué horrible espectáculo debe haber sido ver a todos esos bebés inocentes siendo arrastrados por el río! Lo irónico es que el río fue el lugar al que Jocabed llevó a Moisés, algo que sin duda parecía como un paso en la dirección equivocada. Ella debió haberlo llevado lejos del peligro, no hacia el peligro. Sin embargo, el río fue donde Moisés encontraría su destino y propósito. No era su enemigo, a pesar de que conllevaba un peligro potencial. El que fuera o no una ayuda para su destino, o un peligro para su supervivencia estaría determinado por la forma en que fuera liberado en sus aguas. Para mí, el río en esta historia puede simbolizar la vida. La vida misma está llena de riesgos y peligros para nuestros hijos. Nuestra primera tendencia puede ser huir de ella. Sin embargo, el viaje de la vida es un camino necesario para que nuestros hijos encuentren su propósito y destino. Jocabed no podía evitarle el río a Moisés para siempre, así como nosotras tampoco podemos evitarles a nuestros hijos el viaje de la vida en este mundo de pecado. Evitárselo no es una opción. Todo se reduce a cómo los equipamos para liberarlos en sus aguas turbulentas.

Muchos niños se ahogaron en el río Nilo antes de Moisés. Fueron arrojados a su caudal sin abrigo, sin protección, sin preparación y sin cuidado. No estaban preparados para enfrentarlo por su cuenta. Fueron liberados antes de tiempo y sin las herramientas necesarias para la supervivencia. Fueron superados por las aguas, en un poderoso paralelismo con el reino espiritual. No podemos echar a nuestros hijos a la corriente de la vida antes de que estén listos. Es imposible saltarse la temporada en que debemos esconderlos, guardarlos y criarlos, ya que esta es indispensable para su supervivencia. Y aun así, cuando esa temporada termina y el río de la vida es inevitable, tenemos que equiparlos para su viaje. Lo que diferenció a Moisés de los otros niños hebreos en el Nilo fue algo conocido como "arquilla" (Éx. 2:3). Esta la misma palabra hebrea utilizada para describir el arca que protegió a Noé en el diluvio y que lo mantuvo con vida cuando el mundo a su alrededor estaba pereciendo, proporcionándole la misma protección. Cuando comenzamos a liberar lentamente a nuestros hijos a la vida sin nuestra protección ni nuestra supervisión en la escuela, con los amigos, o en la iglesia, también debemos dotarlos de una arca que los mantenga a salvo de los peligros potenciales en las aguas.

Jocabed tomó una cesta que estaba hecha de juncos (Éx. 2:3), y ese material con el que estaba hecha fue seguramente lo que la atrajo a usarla. Los juncos crecen en las aguas del río Nilo, y su nombre proviene de la palabra hebrea *gome*, que significa "absorber", porque absorbe el aire en su superficie,[2] haciendo que flote. Jocabed literalmente tomó algo del mismo lugar en el que colocaría a Moisés, y aquello con lo cual lo equipó tenía experiencia en el agua. Podía flotar allí donde otras plantas se hundirían.[3]

Cuando equipamos a nuestros hijos para el momento de

la liberación, hay que seguir este mismo concepto. Tenemos que darles las herramientas de la sabiduría y la experiencia del mismo lugar al cual se dirigen para que tengan donde flotar cuando se enfrentan a la vida. Su primer contacto con el río podría no ser al momento de la liberación. Como hizo Jocabed, debemos proporcionarles piezas del mismo río para que en el espíritu les demos flotabilidad cuando se agiten las aguas. La experiencia y la sabiduría impartida a nuestros hijos en base a nuestras propias experiencias y las experiencias de otros crean una cesta en la que podrán flotar cuando se encuentran en el río. Al preparar a nuestros hijos para las circunstancias reales de la vida, les estamos dando la oportunidad de flotar y no hundirse. No solo los protejamos de la vida, adiestrémoslos para enfrentarla.

Luego de que Jocabed obtuvo la canasta de juncos, comenzó a cubrirla "con asfalto y brea" (Éx. 2:3). ¡Asco! Hasta los nombres de esos materiales son feos. ¿Se imagina lo que eso le causó a esa hermosa canasta? Jocabed conocía demasiado bien el asfalto y la brea. El asfalto era una sustancia lodosa que se utilizaba en el proceso de elaboración de ladrillos en Egipto. La brea era una sustancia alquitranosa que se utilizaba más que todo para embalsamar a los muertos. Estos dos materiales representaban la vida de los esclavos hebreos en Egipto. Ellos pasaban sus días haciendo pirámides de ladrillos para el Faraón, y estaban constantemente rodeados por la muerte. Jocabed no solo se adentró en el río del futuro de Moisés y tomó materiales para ayudarlo a flotar, sino que también miró hacia atrás, a la historia de la esclavitud de su familia y recubrió la hermosa cesta con la realidad de su pasado. No lucía bonito, pero era necesario. Para que Moisés pudiera sobrevivir al río y encontrar su destino, las desagradables raíces de su pasado eran recordatorios necesarios. El testimonio de la esclavitud de sus padres sería clave en su futuro. Tenía que recordar de dónde venía. El asfalto y la brea impermeabilizaron la "arquilla" para que pudiera estar en el agua sin que el agua lo tocara. ¡Sus raíces le impidieron que el río entrara en su barco! Nuestros niños también necesitan ser conectados con sus raíces, no como un peso, sino como un testimonio del poder de Dios. Bien sean hermosas, o bien sean como asfalto y brea, las raíces que como madres les hemos legado a nuestros hijos les permiten estar en el mundo, pero evitan que el mundo esté en ellos.

No solo el asfalto y la brea eran un recordatorio de sus raíces, sino también una forma de Jocabed tomar lo que pretendía hacerle daño a Moisés y usarlo para su bien. ¿No nos recuerda esto un pasaje familiar de las Escrituras? Génesis 50:20 habla de ello. Si el Nilo no hubiera tomado la vida de Moisés, la esclavitud en Egipto habría sido su destino. ¡Los mismos materiales que simbolizaban su perjuicio fueron utilizados por su madre y por Dios para salvarle la vida! ¡Al enemigo le salió el tiro por la culata!

Confiar en Dios en la liberación

Una vez que Jocabed preparó adecuadamente Moisés, lo liberó en el Nilo. En ese momento, lo único que podía hacer era confiar en Dios y confiar en el arca que sus manos habían hecho. Ella lo colocó en el río, y este se convirtió en una vía hacia su propósito. El área en la que dejó a Moisés estaba cerca de la zona en la que la hija de Faraón se bañaba. Todo fue una configuración divina. Tan pronto como la hija del faraón vio al bebé en la cesta, tuvo compasión de él, lo tomó en sus brazos y lo

Si continuaba construyendo un arca para ellos, flotarían y no se hundirían.

llevó a su casa (Éx. 2:6–10). Ella no tenía idea de que el pequeño bebé inocente que sacó del agua representaba la desaparición de todo el reino de Egipto. ¡Jocabed había plantado literalmente una bomba en el territorio del enemigo! Un arma secreta fue lanzada en la casa del faraón ese día, y todo debido a la obediencia de una pequeña madre hebrea.

No olvidemos que lo soltemos al Señor volverá a nosotros. Lo que sembremos en sus manos siempre regresará ampliado. Debido a su obediencia, Dios premió a Jocabed abundantemente. Dios dispuso que a través de su hija María, se convirtiera en la nodriza de su propio hijo para la hija del faraón (Éx. 2:7-8). Pasó de tener que ocultar a su hijo y su conexión con él, ¡a ser pagada por el enemigo para que lo cuidaran! Ya no tenía que vivir con miedo, y podría alimentar abiertamente a su hijo. Durante este tiempo con Moisés, Jocabed pudo influir en su vida sin el temor de que muriera, y su influencia se quedó con él. De hecho, lo que ella vertió en él durante esos pocos años, lo mantuvo fiel a su propósito, incluso después de una vida bajo la influencia de Egipto. Y su estadía en el palacio real le dio el conocimiento e influencia necesarios para liderar al pueblo de Dios en el éxodo de su esclavitud.

La preparación y liberación de Jeremiah

Esta es la palabra que Dios me dio mientras oraba sobre la nueva escuela a la que asistiría mi hijo. Había llegado el momento de un nuevo nivel de liberación. Dios me dijo que era hora de plantar una bomba en el territorio del enemigo. Me dijo que no me apartara de las aguas, porque Jeremiah e Isaiah estaban equipados para utilizar la corriente como una vía hacia sus destinos. Ellos necesitaban la educación de Egipto para un propósito futuro, por muy distinta que pareciera. Si continuaba construyendo un arca para ellos, flotarían y no se hundirían. Estarían en el río, pero no llegarían a ser como él.

Ese día puse a Jeremiah en el río, e Isaiah pronto le seguiría. Sin embargo, no los liberé sin las herramientas y los equipos adecuados para tener éxito. Fueron metidos dentro de un arca que pudiera soportar la corriente. Eso no quiere decir que el agua no trataría a veces de meterse, pero sus raíces los harían impermeables. Comenzaron a dar frutos en un lugar que sabía que muchos otros no habían sobrevivido. Ellos no solo sobrevivieron, sino que prosperaron en el río.

Irónicamente, el Señor nos dijo que sería solo una temporada. Así como Moisés no se quedó en Egipto para siempre, nuestros hijos no estarían en esa escuela para siempre. Vimos esto desarrollarse cuando completaron la escuela media y entraron a la secundaria. Pero la decisión de liberar a Jeremiah a su nuevo entorno fue la voluntad del Señor, y Él confirmó cada paso. Ellos operaron bajo su propia unción y fueron una enorme influencia en aquellos con quienes entraron en contacto todos los días. El río los llevó hacia su destino.

Declaro sobre ti, mamá, la visión de Jocabed. Oro para que veas a tus hijos con los ojos del espíritu, y no solo con los ojos físicos. Oro para que lo que veas haga que obedezcas radicalmente en cada decisión sobre su futuro. Que Dios te dé la gracia para ocultarlos cuando sea necesario y la gracia para liberarlos cuando Él lo indique. Oro para que te dé la estrategia para construir un arca y para que los prepares intencionalmente para su liberación en el río de la vida. Declaro que tus hijos flotarán y no se hundirán, y que encontrarán su destino en el río. Que puedan superar lo que otros no han podido, ¡y que sean una bomba viva y activa en el territorio del enemigo! ❖

Capítulo 11
VISTÁMOSLOS, NO LOS CONTROLEMOS

C OMO MADRES DEL Reino, debemos adoptar identidad de administradoras, no de propietarias, en lo que respecta al desarrollo espiritual de nuestros hijos. En la historia de Samuel y Ana, incluida en el libro de 1 Samuel, vemos que Ana, en cumplimiento a la promesa que le había hecho a Dios, se dirigió a las escaleras del templo e hizo algo que la mayoría de las madres jamás habríamos hecho: llevó a su bebé varón y lo dejó bajo el cuidado de un sacerdote corrupto. Pero la conexión entre Ana y Samuel no se interrumpió, ni la influencia de ella en su vida y su desarrollo terminó cuando lo dejó en el templo. Siempre hubo entre ellos comunicación sobre el propósito de él en el lugar donde fue asignado. No creo ni por un momento que para Samuel no haya estado clara la razón por la que su madre lo dejó allí, o cual era su propósito en el templo. Su entendimiento obviamente creció conforme maduraba y experimentaba a Dios, pero Samuel no tenía crisis de identidad. Él había sido preparado desde su nacimiento para servir al Señor y así lo aceptó. La influencia de su madre, sus oraciones y su encuentro con Dios (1 S. 3) le impidieron seguir el camino corrupto que los hijos de Elí habían adoptado antes de que él llegara.

PROTEJAMOS A NUESTROS HIJOS DE SU PROPIA INSEGURIDAD

La Palabra dice que Samuel vestía un efod de lino (1 S. 2:18). Esta era la indumentaria típica de los sacerdotes cuando servían en el templo. La Palabra no afirma con claridad si Elí le proporcionaba esta indumentaria a Samuel, pero podemos inferir que la usaba para sus labores. Además del efod, la madre de Samuel le hacía una túnica todos los años (1 S. 2:19). Era una prenda exterior o manto, y por la palabra original que se utiliza en este pasaje, podría interpretarse que ella le llevaba un efod[1] todos los años cuando iba a su acto de adoración. No fue un regalo que le dio en una ocasión, era un regalo que le llevaba anualmente y que confeccionaba a su medida. Él lo usaba todos los días, y era un recordatorio continuo de su madre, aunque ella no estuviera con él.

La vestimenta siempre ha dado cuenta de la identidad, y en esta ocasión no era diferente. En los tiempos bíblicos, un individuo podía ser identificado simplemente por la indumentaria que llevaba. Esto ocurría particularmente en los círculos religiosos. Hemos leído sobre las diferentes vestimentas que se utilizaban en el servicio del sacerdocio (Éx. 39:41). También sobre las túnicas que identificaban al rey (1 R. 22:10) y los atuendos que debían llevar sus hijas vírgenes (2 S. 13:18). Lo mismo ocurría con el manto externo de los profetas, como en el caso de Elías (2 R. 2:13), y los vestidos rasgados que un leproso tenía que usar, según Levítico 13:45. Hasta los mendigos vestían una indumentaria que los identificaba, como vemos en la historia del ciego Bartimeo (Mr. 10:50). El vestuario era una declaración silenciosa de la identidad y el estatus de cada individuo. El tipo de túnica que Ana hacía para Samuel era un atuendo externo que mostraba su verdadera identidad, incluso siendo niño.

La túnica que ella confeccionaba era una prenda que en hebreo se denomina *me'îl*. No era una prenda común, sino algo que vestían los hombres con rango, las hijas del rey y hasta el sumo sacerdote.[2] Si tomamos en cuenta que Elí se había vestido con un simple efod de lino cuando ministraba y servía en el templo, Ana llevó la identidad de Samuel a otro nivel al vestirlo con una indumentaria que declaraba su rango y su valor. Ella vio lo que Elí no veía, o se negaba a ver. La perspectiva de Elí sobre Samuel se limitaba a lo que él era capaz de producir en ese momento. Pero su madre veía su capacidad futura, más allá del presente. Ella vio lo que él podría llegar a ser. Él no era un simple sacerdote, era de alto rango, de la realeza e incluso podía llegar a ser el sumo sacerdote. A Samuel no lo dejaron allí para que descubriera cual era su identidad, ni permitieron que su identidad fuera definida por un sacerdote corrupto o sus malvados hermanos. La vestimenta de su madre lo blindó de lo que otros habrían querido que fuera, así como de las falsas etiquetas de identidad puestas por los hombres. Aunque a veces dudara de sí mismo, el mensaje constante que transmitía la vestimenta que le había hecho su madre, le recordaría la Palabra del Señor para su vida.

La vestimenta de Samuel no solo establecía su rango y posición, sino que era una representación tangible del favor de Dios en su vida, así como la túnica multicolor de José demostraba el favor tanto de su padre terrenal como de su Padre celestial (Gn. 37:3). Aunque fue arrojado a un pozo para que muriera, acusado falsamente en la casa de Potifar y encerrado en prisión, el favor y la unción de José siempre lo hicieron estar por encima de las circunstancias (ver Gn. 37–45). El enemigo no podía derrotarlo ni destruir su propósito. A pesar de todas estas circunstancias, el favor que disfrutaba lo llevó al palacio donde el mensaje de su túnica se cumpliría. La indumentaria con la que su padre lo había vestido no podía ser manchada por sus hermanos ni por el mismo faraón. Aunque la túnica físicamente fue destruida, su mensaje siguió con José.

Esta es la función de los padres del Reino: confeccionarle a sus hijos una vestimenta de identidad que el mundo no pueda arrebatarles o manchar. Ana vistió a Samuel, no lo controló. Ella lo cubrió, pero no con sus manos físicas o con sus fuerzas, sino con una identidad que vino directo de la boca de Dios y que ella, a su vez, consolidó con las palabras de su boca. Esto es lo que nuestros hijos necesitan en este momento y cuando les toque enfrentar las tinieblas: una vestimenta. Nuestra presencia como padres no siempre los acompañará y protegerá, pero su identidad en Cristo sí. Esta les impedirá ceder y corromperse, y los preservará cuando enfrenten adversidades. Como si se tratara de una prenda de vestir, ellos necesitan vestirse por sí solos en su identidad como hijos e hijas de Dios cada día.

Tenemos otro ejemplo en la historia de los tres jóvenes hebreos. Sus madres no pudieron evitar que fueran capturados en Babilonia. De hecho, fueron llevados justo al centro de poder de ese malvado reino, bajo el cuidado y la influencia del rey. Babilonia los quería gracias a su favor y unción, del mismo modo en que el mundo busca el favor y la unción de nuestros hijos. Su deseo es utilizarlos para sus propios propósitos egoístas. Aunque sus madres no pudieron controlar su ubicación ni mantenerlos alejados de Babilonia, estas mujeres obviamente les inculcaron a sus hijos una identidad que mantuvo a Babilonia alejada de ellos. Estos jóvenes hebreos nunca se plegaron a la cultura de idolatría ni intentaron mezclarse con los babilonios, porque estaban seguros de quienes eran (ver Dn. 3:8–18).

Ana no podía controlar el destino de Samuel, pero lo preparó activamente. Cuando su presencia no era posible, su influencia era innegable. Aunque ella no podía mantener la corrupción y los ataques del enemigo lejos de él, la identidad que ella había construido cuidadosamente para él, año tras año, lo protegía. Como madres, no podemos mantener a nuestros hijos alejados del mundo y no se supone que debamos ocultarlos. Ellos son parte del mundo, pero no son del mundo, y la manera en que los cubramos puede ser lo que los ponga en un plano diferente.

Mis hijos se siguen burlando de mí por la manera en que los abrigo cuando hace frío. En mi casa se hacen chistes sobre la cantidad de tiempo que les toma a los chicos vestirse para ir a jugar en la nieve. El deseo de mi corazón simplemente es mantenerlos tibios y secos mientras juegan en el frío invierno. No quiero mantenerlos alejados de la nieve; solo quiero protegerlos cuando estén en ella. Esto es lo que podemos hacer por nuestros hijos cuando los soltamos a la vida. ¡La respuesta no es mantenerlos encerrados en casa durante el resto de sus vidas! Así como la ropa de invierno los protege de los elementos, la identidad que declaramos y que promovemos en ellos los protege y les permite prosperar en condiciones que normalmente serían destructivas. Este es el poder de la vestimenta que creamos para nuestros hijos, y es la voluntad del Señor para sus vidas. Gracias a la unción y al favor del que gozan como hijos e hijas de Dios, ellos están destinados a prosperar, independientemente del entorno en el que se desenvuelvan en el futuro.

Las palabras de Dios liberan
el favor del cielo

Moldear la identidad de nuestros hijos requiere de mucho trabajo, y no es algo que se logra de un día para otro. Es muy similar al proceso de elaborar un traje. El valor de un traje se mide por el material del que está hecho y el tiempo que se ha invertido en su confección. Se requiere una gran cantidad de tiempo y esfuerzo solo para crearlo, especialmente si está diseñado para una persona en particular. Como madres, no podemos confeccionar prendas en masa que se ajusten por igual a todos los niños de nuestra casa. Cada hijo tiene una vestimenta diferente, hecha a su medida.

Yo tengo cuatro hijos, y para mí es común ver pasar la ropa de mis hijos más grandes a los más pequeños. Los más jóvenes de la casa están acostumbrados a usar ropa pasada de temporada sin quejarse. ¡Pero la emoción que sienten cuando reciben ropas nuevas es increíble! Las agradecen mucho más. A mi hija menor le gusta particularmente que la ropa tenga sus iniciales bordadas. Una vez que su nombre o sus iniciales están sobre algo, ella sabe que es solo para ella. Esto le despierta un fuerte sentido de pertenencia, lo que no ocurre cuando recibe la ropa que hereda de sus hermanos. Cuida mucho la ropa nueva, o la que está marcada con sus iniciales. Es suya, ¡y se siente orgullosa de eso!

Es así como debemos presentarle a cada uno de nuestros hijos el llamado y el propósito de su vida. Su propósito no es un asunto de segunda mano, usado, que han heredado de sus padres, abuelos o hermanos mayores. No es una indumentaria que otros pueden "vestir" de la misma manera. El propósito es un algo que ha sido confeccionado a la medida, para cada quien. Puede tener colores y materiales similares a los atuendos de otros miembros de la familia, pero cada uno es personal. Cada propósito ha sido diseñado específicamente para ellos, con su nombre en la etiqueta. Esto hará que nuestros hijos vean su futuro y su propósito con mayor atención y responsabilidad. Mientras piensen que su propósito puede ser cumplido por alguien más o por quien esté dispuesto a realizarlo, no actuarán jamás con responsabilidad.

> **No podemos alejar a nuestros hijos del mundo, pero podemos prepararlos con una vestimenta que resistirá cualquier cosa que el enemigo ponga en su camino.**

La confección de una identidad segura, al igual que una prenda hecha a la medida, no es algo que se puede hacer en un abrir y cerrar de ojos. Es algo que se va creando puntada tras puntada, día tras día, con cada palabra y cada acción. Como madres, debemos cortar constantemente los sobrantes, coser las piezas y medir los materiales para que se ajusten a su nivel de desarrollo, dando cada puntada con atención y propósito. Las palabras y las acciones van de la mano para crear la vestimenta espiritual, pero las palabras ejercen una mayor influencia en la identidad. La mayor herramienta que tenemos como hijos de Dios es la capacidad de hablar. Esta poderosa arma puede ser utilizada a favor del Reino o ser usada por el enemigo. Las palabras que decimos en oración, las palabras que declaramos, e incluso las palabras que usamos cuando conversamos, conforman la atmosfera que cubre a nuestra familia y contienen un poder que no siempre notamos en el momento en que las emitimos.

Los cielos y la tierra fueron creados por medio de palabras, y en esta naturaleza que Dios nos dio, las palabras tienen un poder creador. Proverbios 18:21 nos enseña que nuestras palabras pueden tanto crear vida como causar muerte; y ese mismo poder lo tienen sobre nuestros hijos. Las palabras, oraciones y bendiciones que declaramos sobre ellos contribuyen en gran medida en la formación de su identidad. Las armas de declarar y bendecir deben ser utilizadas de forma constante en nuestro hogar. Con mucha frecuencia, nuestro hogar es escenario de declaraciones negativas y agraviantes, con las que nos hacemos daño unos a otros. Estas declaraciones negativas rasgan su identidad como se rasgaría una túnica. La intención de Dios es que mantengamos una atmosfera de constante bendición en el hogar. Así como los cielos fueron creados por la Palabra del Señor, nuestro hogar también puede ser fortalecido por la Palabra.

> *Moldear la identidad de nuestros hijos requiere de mucho trabajo, y no es algo que se logra de un día para otro.*

Cuando Dios creó la tierra, descansó en un día al que llamó Sabbat. Este día era santo ante el Señor. Hoy en día, el pueblo judío sigue guardando este día y tienen muchas tradiciones y rituales que rodean el Sábat o Sabbat. Todos los viernes en la noche comienza el Sabbat y practican el poder de la bendición. Cuando comienza la cena del Sabbat, se debe encender una vela, el padre pone sus manos sobre las cabezas de sus hijos y pronuncia una bendición sobre ellos. Esta práctica semanal va moldeando sus identidades, y atrae el favor de Dios sobre ellos. Las palabras que pronunciamos pueden crear un trasfondo de vida en nuestro hogar y para nuestros hijos, o pueden tejer un manto de muerte y destrucción. Lo que afirmamos verbalmente sobre ellos florecerá, sea que resaltemos sus atributos negativos o positivos. Como padres, debemos acostumbranos a derramar vida y declarar bendiciones en nuestro hogar pronunciando palabras de bien que nuestros hijos puedan escuchar. Somos responsables de aprovechar y afilar el arma de nuestra lengua. Desarrollemos la práctica diaria de declarar palabras positivas escribiendo nuestras propias bendiciones. Podemos hacerlo de forma habitual, anotando nuestras propias declaraciones o bendiciones y, decirlas con frecuencia frente a nuestros hijos. En nuestra casa hacemos esto todas las noches. La última voz que escuchan nuestros hijos antes de dormir es la voz de uno de sus padres declarando bendiciones bíblicas sobre ellos.

Creo que esta declaración diaria de la palabra de Dios sobre nuestros hijos los va dotando de una indumentaria que el enemigo no puede penetrar. No aceptemos la identidad que el enemigo desea para ellos, combatámosla con la verdad de la Palabra de Dios. Cuando nuestros hijos no sean honestos o íntegros, no les pongamos la etiqueta de malcriados. Por el contrario, declaremos vida y verdad sobre ellos, a pesar de sus fallas. Conversemos con ellos sobre lo que pueden llegar a ser y lo que serán, de acuerdo a la Palabra de Dios, aunque ya lo hayan alcanzado. Al hacerlo, estaremos plantando semillas en sus corazones que producirán frutos en el futuro. Yo creo que una buena cosecha puede superar cualquier cosa mala.

MOLDEAR A TRAVÉS DE LA
DISCIPLINA DE DIOS

La disciplina diaria y la toma de decisiones son otras estrategias que nos ayudan a moldear la vestimenta espiritual que conforma la identidad de nuestros hijos. El propósito de la disciplina no es tener el control de nuestros hijos, sino alinearlos con su destino. Las decisiones que tomamos, o nos ayudan, o nos alejan de nuestro propósito. Tiene que haber normas y reglas que nos permitan modelar la identidad de nuestros hijos y dar propósito a sus acciones. No solo debemos pedirles a nuestros hijos que hagan o dejen de hacer algo, sino ayudarlos a entender por qué. Expliquémosles que las conductas negativas o rebeldes no se ajustan con lo que ellos son en Cristo, y que solo los alejarán de su destino y de su potencial, haciendo que pierdan el rumbo. Repito: no aceptemos conductas negativas ni las cosamos a sus vestiduras. La disciplina debe estar enfocada en moldear a nuestros hijos para que cumplan su destino, en obediencia al Señor. El centro de atención debe estar puesto en su futuro, y no en su comodidad o placer temporal.

Cada decisión importante debe tomarse en base a nuestra identidad y nuestro destino. Desde la escolaridad, pasando por los deportes o sus amigos, debemos ayudar a nuestros hijos a que tomen sus decisiones basadas en lo que Dios ha dispuesto para ellos. A medida que crecen, debemos ayudarlos incluso a comprender que sus propios deseos pueden estar en conflicto con los

> *Cada decisión importante debe tomarse con base en nuestra identidad y nuestro destino.*

planes de Dios. El tiempo vale oro, así que cualquier cosa que consuma nuestro tiempo debe ser sopesada ante el Señor. Tengamos cuidado y no permitamos que la presión de la sociedad comience a influir en los horarios de nuestros hijos. En Mateo 11:30 Jesús nos dice que su carga es ligera y su yugo es fácil.

Esto debe reflejarse en cada aspecto de la vida de nuestros hijos, incluyendo su agenda. Las exigencias que la sociedad actual impone sobre los jóvenes son desequilibradas, ya que amoldan su vida diaria a las expectativas del mundo y ahogan tiempo valioso que deberían invertir para estar con Dios. Negocios no siempre equivale a prosperidad, y a veces resultan infructuosos. Es por ello que tenemos a tantos jóvenes ocupados, estresados, agotados y sin dirección. Hoy en día estamos más ocupados que nunca, pero más desconectados de los propósitos del Reino. Nuestra vida está tan consumida por las actividades diarias, que dejamos de lado el tiempo para escuchar a Dios y ser moldeados por él. No estamos viviendo a través del filtro de la identidad de Dios, sino a través del filtro de la presión y las expectativas sociales. Como madres, estamos atrapadas en el medio de la lucha, empujándolos a su propia destrucción. Nuestras familias están demasiado separadas, cada quien siguiendo su propio rumbo. Hemos perdido la sinergia familiar que nos mantenía juntos en comunión con Él. Hagamos que nuestros horarios reflejen los propósitos de Dios, y no invirtamos tiempo ni dinero en metas terrenales que nunca darán frutos. Como padres, debemos hacernos una pregunta que el Espíritu del Señor nos urge a hacernos: ¿Estoy criando a mis hijos para que sean reconocidos o para que Cristo pueda ser reconocido a través de ellos?

No nos quedemos atascadas en nuestra identidad pasada

Así como la ropa física tiene que ser cada vez más grande para adecuarse al crecimiento y la madurez de nuestros hijos, a nivel espiritual ocurre lo mismo. El destino se desarrolla y se revela con mayor claridad a medida que la persona va madurando. No podemos quedarnos atascados en la vestimenta del pasado, ni limitar nuestra comprensión a un momento o una época de la vida. El propósito que Dios tiene para nuestros hijos en una etapa determinada sus vidas, podría no ser el mismo propósito que Dios les ha asignado para la próxima etapa. La etapa presenta podría tratarse simplemente de una fase de preparación. Si mi hijo utilizara los mismos zapatos durante cinco años seguidos, con el tiempo le quedarían apretados. De hecho, como los zapatos no tienen la capacidad de crecer con él, aquello que lo ayudó en una etapa podría convertirse en una limitación en la próxima. El tamaño de los zapatos podría limitar su capacidad de moverse, ¡e incluso restringir y deformar su crecimiento! Como los zapatos o la ropa para una temporada determinada, nuestra comprensión sobre la identidad y el propósito de nuestros hijos debe crecer y madurar a medida que ellos lo hacen. Ana le llevaba una túnica nueva a Samuel todos los años (1 S. 2:19). Démosles espacio para crecer y mantengámonos atentas a lo que el Señor tenga que decir en cada etapa. Es un proceso continuo, no algo que ocurre una sola vez.

El entrenamiento del niño

Para entrenar a nuestros hijos para que cumplan su propósito divino, debemos comenzar con nuestra propia habilidad para escuchar y obedecer a Dios. Según 1 Samuel 1:11, Ana hizo el voto de nazareno para Samuel desde su nacimiento. Ella prometió que ninguna navaja tocaría jamás su cabeza y comenzó a entrenarlo para un estilo de vida que él no tenía ni la capacidad ni la madurez de escoger por sí mismo. Ella lo preparó para el templo. Al igual que la madre de Sansón en el libro de Jueces, ella escogió un estilo de vida para Samuel que no tenía nada que ver con las decisiones de él. Pero llegó un día en que Samuel ya no necesitó que nadie lo vistiera. Él podía vestirse por sí solo cuando llegó a la edad adulta. Vino una

> *Nuestra comprensión sobre la identidad y propósito de nuestros hijos debe crecer y madurar a medida que ellos lo hacen.*

época en la que él podía aceptar lo que la vida le había deparado, o aceptar la declaración de nazareno que había hecho su madre sobre él y seguir el plan de Dios para su vida. Pero también podía rechazarlo. Él pudo haber desechado la túnica que le había hecho su madre, devolver el efod y encontrar su propio camino en la vida. La verdad es que podemos entrenar a nuestros hijos para que sigan a Dios, pero no podemos obligarlos. Podemos hacerles la túnica, pero llegará un momento en que deben escoger si desean ponérsela.

Me vienen a la mente dos historias bíblicas en particular, que demuestran que incluso los hijos de la promesa pueden renunciar a los valores con los que fueron educados, al menos durante un tiempo.

En la historia de Sansón, vemos que él voluntariamente tomó una dirección que Dios y sus padres le dijeron que no tomara. Durante un tiempo, experimentó dolor y tristeza por sus decisiones, porque cayó prisionero de los filisteos. Pero su cabello volvió a crecer, y al final de su vida regresó para cumplir el propósito verdadero de Dios y disfrutar una gran victoria contra los enemigos del pueblo de Dios. Fue necesario que sufriera la derrota durante un tiempo para que pudiera volver a saborear la victoria (Jue. 13–16).

También vemos en la historia del hijo pródigo que uno de los hijos permaneció en la casa de su padre, mientras que el otro pidió su herencia y comenzó a vivir su vida de una manera opuesta a lo que había aprendido durante su crianza. Sus malas elecciones lo llevaron a vestir harapos, en vez de las hermosas prendas que sus padres le habían dado. Pero la Palabra dice que se arrepintió cuando se vio comiendo entre los cerdos. Repentinamente, comprendió algo que lo hizo volverse de sus malos caminos y decidió regresar a casa de su padre. Desde el momento en que su padre lo vio acercarse a la casa, preparó una manta para cubrirlo y llevarlo de regreso al lugar correcto, de acuerdo con su identidad y propósito.

Querida madres: aunque su hijo haya escogido arrojar al suelo su túnica durante un tiempo, no se desanime. Tal vez le hace falta una derrota para poder encontrar la victoria. Tal vez a su hijo le hace falta vivir una temporada con los cerdos antes de que rinda su voluntad a la del Padre celestial. Sin embargo, sus vestimentas pueden ser restauradas y su destino no tiene por qué perderse. Las vestimentas que estamos confeccionando para nuestros hijos soportarán luchas y pruebas, y su propósito permanecerá más allá de las dudas y el engaño.

En este momento declaro que la gracia se derrame sobre cada madre para que puedan cubrir, pero no controlar, el propósito y el destino de las valiosas vidas que les fueron confiadas. Madre, tú tienes el discernimiento para escuchar la voz de Dios, ya que diariamente confeccionas una túnica de identidad que protegerá a tus hijos de los engaños del enemigo. Declaro que todos los hijos e hijas rebeldes se vuelvan de sus caminos en el nombre de Jesús y desechen los harapos de las dudas y el engaño, en favor de los atuendos reales que Dios ha dispuesto para ellos. Oro en este momento para que podamos ver el nacimiento de una generación que vista los atuendos que declaren el estatus real de nuestros hijos, como hijos e hijas en el Reino de Dios. Que vivan sus días cumpliendo su propósito en vez de consumirlos buscándolo. ❖

Capítulo 12
TENGAMOS VALOR, NO MIEDO

En el libro de Jueces, leemos la historia de líderes asombrosos que gobernaron Israel y la llevaron a la victoria militar. En esta lista de líderes encontramos a una jueza poco convencional cuyo nombre era Débora, a la que le fue dado el título de "madre de Israel". Dios mismo escogió y ungió a una figura materna, no solo para que gobernara con sabiduría, sino para llevar a la nación entera a la batalla. Dios no solo ungió a Débora como jueza; también utilizó a una modesta guerrera para lograr la victoria de su pueblo. El valiente liderazgo de Débora llevo a una histórica victoria, pero en realidad no fueron las manos de Débora, ni siquiera las del asombroso general Barac las que derrotaron al enemigo. Fueron las manos de alguien que carecía de entrenamiento militar calificado y que probablemente nunca había estado en un campo de batalla. Ella probablemente ni siquiera poseía una espada, ¡y ciertamente tampoco sabía cómo usarla! El liderazgo era de Débora, pero las manos de una joven llamada Jael fueron las que conquistaron la batalla que hicieron ganar la guerra.

Esta ama de casa aparentemente desarmada y sin entrenamiento, que solo mantenía su carpa mientras los hombres estaban en la batalla, salió valientemente en obediencia y lealtad al Señor y obtuvo la victoria (Jue. 4). Veamos la historia de heroísmo de Jael con un poco de atención y nos daremos cuenta de que una mujer que cuida su casa no es débil ni indefensa, ¡sino un adversario contra el cual el enemigo no puede!

Lo que más me gusta de la historia de Jueces 4 es que Dios reveló su capacidad de utilizar a las mujeres en posiciones en las que la sociedad había declarado, en tiempos pasados, que no eran efectivas. Primero encontramos a Débora actuando como madre de una nación entera (Jue. 5:7). Ella adoptó su asiento de autoridad debajo de una palmera y gobernó con inteligencia. Israel estaba viviendo bajo la cruel opresión del rey Jabín y el pueblo cananeo (Jue. 4:2). Débora debió haberse enfurecido al ver a sus amados hijos tratados con semejante crueldad, pero llegó un momento en el que tanto Dios como Débora se cansaron de esa situación. Débora experimentó una lucha interna que solo una madre podría entender y, apenas Dios le dio la señal, decidió sin titubear asumir la batalla. De sus labios salió la orden hacia el general Barac de que agrupara a sus hombres y combatiera al ejército de Sísera, para que el enemigo que una vez los oprimió fuera entregado en sus propias manos (Jue. 4:6–7). Débora nunca titubeó en su fe en Dios, aunque Barac le había dado una respuesta que manifestaba dudas de la capacidad de Dios para entregar al enemigo (v. 8). ¡Qué asombrosa mujer de Dios debió haber sido Débora, para que el líder del ejército de Israel no quisiera ir a la batalla sin ella! Tras la invitación de Barac, Débora se trasladó en carruaje a la batalla, ocupando un asiento que una mujer normalmente no ocuparía.

Debemos estar preparadas, mujeres de Dios. Estamos entrando en una época en la que las mujeres nos sentaremos en puestos de autoridad y liderazgo que tradicionalmente no estaban abiertos para nosotras. En el Reino está ocurriendo un cambio en el liderazgo, ¡y la influencia y la fortaleza de las mujeres y madres serán necesarias para lograr la victoria! Cuando Barac dudó en obedecer la Palabra del Señor, perdió la gloria de la victoria y Débora, gracias a su fe, logró que el Señor declarara que la victoria de la batalla le pertenecería a una mujer.

VALIENTES, NO TEMEROSAS

¿Quién ha dicho alguna vez que las mujeres, especialmente las madres, son débiles? El solo hecho de que Dios le haya confiado a la mujer el acto de dar a luz debería reflejar su confianza en la fortaleza y resistencia de una mujer. Estoy convencida de que si mi esposo hubiera tenido que dar a luz a nuestros bebés, ¡no habríamos tenido hijos! Me río cuando recuerdo que las enfermeras tenían que atender a Kevin durante los partos de nuestros hijos, porque se desmayaba o vomitaba. No podía soportar estar en la sala de partos. En cambio nosotras, como madres, hemos sido diseñadas y creadas para ese momento, tanto mental como físicamente. Hemos sido creadas para dar a luz la vida.

No hemos sido creadas para ser temerosas, sino valientes. No hemos sido hechas para ser cobardes, sino ayuda idónea. Y cuando digo *ayuda idónea* me refiero al término hebreo *ezer*, el cual, como dijimos anteriormente, fue el nombre que Dios le dio a la mujer cuando determinó que Adán la necesitaba.[1] De hecho, Dios usó la palabra *ezer* para hablar de sí mismo. *Ezer* puede describir a un libertador en una batalla, ¡toda una verdadera ayuda idónea! La mujer fue creada para ser una guerrera al lado de su hombre. Fue creada para dar a luz y proteger la semilla de la humanidad. El enemigo sabe esto sobre la mujer, pero pocas mujeres saben esto sobre sí mismas.

No hay nada más intimidante o fiero que una mujer cuyos hijos han sido amenazados. Amenace a los cachorros de una osa, o a los patitos de una mamá pata y lo comprobará. ¡Una mujer que ama a sus hijos no se detendrá ante nada para cuidarlos y protegerlos! En un par de ocasiones he perdido los estribos como seguidora de Cristo y

> **No hemos sido creadas para ser temerosas, sino valientes. No hemos sido hechas para ser cobardes, sino ayuda idónea.**

he estado a punto de terminar en la cárcel. Esas ocasiones tienen un denominador común: alguien se metió con uno de los niños Wallace. Tal vez solo mida cinco pies de alto, pero pierdo totalmente la cabeza cuando siento la necesidad de defender a mi familia. Kevin siempre ha dicho que tal vez yo no sepa karate, pero sí sé como actúa una loca. Recuerde, no es el tamaño de la persona en la batalla, sino el tamaño de la batalla en la persona. Las madres tienen un instinto natural de luchar y defender lo que les pertenece. El enemigo sabe esto y es por eso que apunta e intimida a las madres con miedos y dudas. Él conoce la fuerza potencialmente mortal que se despertaría si una madre, llena del Espíritu, ocupara su posición dentro del campo de batalla, así que su estrategia es utilizar el miedo para amarrarla.

Una sinergia generacional

En Jueces 4 vemos como la fuerza mortal de las madres toma su lugar en la batalla. Primero está Débora, la madre experimentada que se atrevió a montarse en un carruaje, un lugar que era inaudito para una mujer. Su voz tenía peso y autoridad. Cuando pienso en Débora, pienso en las madres de nuestra propia iglesia. Ellas han dejado atrás la maternidad física, pero nunca han cesado de actuar bajo la autoridad de la maternidad. Débora estaba protegiendo a Israel como si los israelitas fueran sus hijos, aunque ella no los había parido. Ella comprendía la maternidad espiritual. Oro para que podamos ver en la Iglesia un avivamiento en las madres espirituales, madres que cuidarán y protegerán en intercesión y combate espiritual incluso a aquellos que no son sus hijos naturales, madres espirituales que caminarán en sabiduría y buen juicio y serán un apoyo para la comunidad de fe alrededor de ellas. Oro para que las madres experimentadas puedan sostener y apoyar a las madres jóvenes que necesitan dirección y fortaleza. Oro por un avivamiento de madres experimentadas que despierten guerreras entre las madres jóvenes. No hay etapa de jubilación en la vida de una verdadera madre. Hay un viejo proverbio africano que dice: "Se necesita todo un pueblo para educar a un niño". Me temo que en nuestros pueblos espirituales conocidos como iglesias, nos estamos perdiendo uno de los componentes más importantes de la tribu: nuestras guerreras experimentadas. Fue Débora la que declaró la Palabra del Señor sobre Jael y liberó la bendición de Dios sobre ella después de la victoria (Jue. 5:24). Ella apoyó y afirmó la unción sobre su vida. Estas dos mujeres derribaron las puertas del enemigo y obtuvieron la victoria para la comunidad entera. Oro por un avivamiento que unifique a las madres jóvenes con las mayores en el Reino de Dios. Esto producirá un frente unificado que el reino de las tinieblas no podrá derrotar.

En mi propia vida y en mi ministerio, enfocado en mujeres jóvenes que han sido víctimas de horribles abusos y violencia, he sentido la gracia y la unción de la maternidad espiritual. Estas hijas no son mías de nacimiento, pero son mujeres jóvenes con las que trabajamos para restaurarlas a través de nuestros programas con The Zion Project, que han atrapado mi corazón de madre. Tengo una carga espiritual en mi corazón que me lleva a orar por ellas en los momentos más impredecibles. Puedo mirar a sus ojos y ver su potencial, a pesar de todas las cicatrices y su pasado. Veo la belleza en ellas cuando el mundo no es capaz de ver su valor, tal como una madre vería belleza en sus propios hijos cuando los demás piensan que son feos o feas. Estoy convencida de que si todas las madres del mundo pidieran llevar la carga de la maternidad espiritual, cesarían las carencias en el ámbito de la adopción, cuidado tutelar y centros infantiles. Creo que disminuiría la violencia de pandillas y el uso de drogas en nuestros jóvenes. Si nosotras como madres nos atreviéramos a amar a aquellos que biológicamente no son nuestros, podríamos revolucionar nuestras comunidades.

Mientras escribo esto, veo a mis hijos jugando videojuegos con sus nuevos primos, dos preciosos niños de Etiopía que fueron adoptados por unos parientes. Dos niños que habían sido abandonados y dejados en situaciones desesperadas, y que ahora sobresalen en la escuela y en los deportes, aman a Jesús y tienen el regalo de una familia. Ellos son nuestra familia, aunque no luzcamos físicamente parecidos. Mi hijo Isaiah ha desarrollado un vínculo muy especial con los chicos y ha llorado sentidamente al escuchar las historias de su infancia en Etiopía. Es una experiencia de aprendizaje y de vida para mis hijos, que tendrá una influencia permanente es sus corazones y en su visión del mundo que los rodea. Han visto de primera mano la diferencia que podemos marcar gracias al amor sobrenatural. Es un extraordinario ejemplo de maternidad espiritual, y creo que estos chicos a su vez, generarán importantes resultados para el Reino de Dios. Fueron rescatados con un propósito, y creo que el Señor bendecirá abundantemente a aquellos que abran sus corazones a los abandonados y quebrantados y creo que estos chicos pueden estremecer a la nación de Etiopía.

DIOS TIENE UN PLAN PERSONAL
PARA NOSOTRAS

Débora representa a la madre espiritual y a las mujeres que están en el frente de batalla, ante el ojo público y la vista del enemigo. Ella era la líder en el frente, la mujer predicadora, la esposa del pastor, la líder política, la conferencista a quien todos podían ver mientras hablaba con protagonismo y notoriedad. Pero había una silenciosa y humilde guerrera que no estaba en la primera fila, ni siquiera en el medio de la batalla. Nadie conocía su nombre. Ella simplemente estaba en su carpa, su lugar de residencia. Esto describe a muchas mujeres con las que tengo contacto cuando viajo en mi ministerio.

Ellas viven bajo la mentira de que son ineficientes en el

Reino de Dios porque no están haciendo algo que sea visible ante los demás o reconocido por sus semejantes. Sienten que están atrapadas en sus hogares lavando la ropa y entrenando a sus bebés para que usen la bacinilla mientras el mundo les pasa por un lado. Jamás se imaginarían que el centro de la batalla podría aparecerse en la puerta de su casa y que la victoria definitiva podría tener lugar en la sala de su hogar. Me pregunto si Jael alguna vez pensó en Débora y se preguntó: "¿Cómo será ser como Débora? Me gustaría liderar como lo hace Débora. ¿Por qué yo no puedo hacer lo que Débora hace?".

Esta es una causa común de tensión en nuestra sociedad actual: el conflicto entre la mamá que trabaja y la mamá que se queda en casa; el choque entre lo que el mundo considera una mujer "exitosa" gracias a un salario y a un título, frente una mujer que renuncia a recibir un cheque de paga y se queda en su hogar. Podemos criticarlas a ambas, pero la verdad es que las dos son necesarias. Estoy convencida de que Dios tiene un plan personalizado para la vida de cada una de sus hijas.

> *La verdad del Reino, es que se necesitó tanto de Débora como de Jael para derrotar al enemigo. Juntas, y no en espíritu de crítica o competencia, liberaron a su nación.*

Tal vez Él pueda asignar a una para ir a trabajar y a otra para quedarse en casa, tal vez pueda ubicar a una en un campo misionero, a otra en una oficina del gobierno y llamar a otra para que eduque a los hijos en casa. La verdad de Jueces 4 y la verdad del Reino, es que se necesitó tanto de Débora como de Jael para derrotar al enemigo. Se necesitó a una mujer en la primera fila de la batalla, manejando un carruaje, y a una mujer que mantuviera su carpa. Juntas, y no en espíritu de crítica o competencia, liberaron a su nación. Como madres, no podemos olvidar que todas las temporadas tienen una duración específica y una fecha de culminación. Lo que Dios nos asignado hoy, puede cambiar en el futuro cercano. No definamos nuestro destino por la etapa que estamos viviendo. Aceptemos la etapa en la que estamos y busquemos nuestro lugar y valor en el Reino dondequiera que Dios nos ponga. Lo que Dios define como éxito no se basa en diplomas, títulos o salarios. Lo que Dios define como éxito es una mujer que obedezca a su liderazgo y se somete a su voluntad. Este tipo de mujer puede ser utilizada para obtener la victoria, con o sin una espada.

Señor, declaro que una unificación de generaciones se manifestará en tu iglesia en este momento. Declaro que las generaciones experimentadas se sacudirán el espíritu de la jubilación y permitirán que la pasión de la maternidad espiritual las consuma. Oro por un cambio de mentalidad en nuestras madres amas de casa que podrían no estar viendo su importancia en el Reino. Que puedan despertar y ver el potencial que hay en ellas. Que puedan sacudirse los sentimientos de insignificancia y desaliento. Oro para que estés con aquellas madres que trabajan y que al mismo tiempo llevan la carga del hogar. Que puedan liderar donde tú las llames y se quiten el peso de las cargas que no las has llamado a llevar. Que te sigan con éxito y que sigan dirigiendo sus hogares para que produzcan el fruto del Reino. ¡Declaro un levantamiento de todas las Débora y Jael para que, juntas, derroten al enemigo de esta generación! ❖

Capítulo 13
ROMPAMOS LOS CICLOS GENERACIONALES

T AL VEZ HOY nos sentimos como Jael: una madre que mora en su tienda, que es fiel en su territorio, que aparenta estar desarmada y que parece distar mucho de ser peligrosa para su adversario. Tal vez vemos a otras mujeres que personifican aquello que para la sociedad es el éxito y nosotras nos sentimos lejos de alcanzarlo. Incluso, puede que hayamos escogido creer que la responsabilidad de la batalla le pertenece a alguien más, porque estamos avocadas a nuestra tarea de lavar la ropa sucia. Quizá hasta nos sentimos conformes de dejarlo a los hombres o a otras madres. Sin embargo, allí yace la mentira del enemigo, porque nosotras las mujeres somos el arma secreta que el Señor desea utilizar en el frente de batalla en esta etapa en el Reino. Hay una batalla escenificándose en este momento. El hogar es la zona de guerra y la batalla en nuestro hogar puede afectar la batalla de la nación. ¿Alguna vez imaginamos que aquello que conquistamos en oración puede darle forma al futuro de los hogares que nos rodean? Esta fue la historia de Jael, quien, en su propia morada, peleó sola la batalla que ganó la guerra.

DEJEMOS DE DORMIR CON EL ENEMIGO

La batalla por el territorio en el Reino está en pleno apogeo tanto en nuestra nación como en el mundo. La zona de guerra no se circunscribe a la palestra política y a los líderes del gobierno. No se limita a las iglesias y a sus líderes. El enemigo ha tenido el descaro de adentrarse en nuestros hogares, ¡nuestras familias son su objetivo! El enemigo se ha vuelto muy seguro de sí y presume haber cruzado el umbral de nuestras moradas en un intento de buscar descanso, comodidad y refugio en nuestro espacio personal. Su intención es convertir nuestros hogares en su base de operaciones y, desde allí, trabajar para destruir la Iglesia y nuestra nación al acabar con la unidad familiar. La lucha se desarrolla en la habitación de nuestros hijos. La lucha está en la sala de nuestra casa. La batalla se está escenificando alrededor del comedor. El enemigo quiere nuestra semilla y cruzará cualquier barrera para robarla y destruirla. Y nosotras como madres somos las que estamos entre nuestros hijos y el enemigo. ¿Estamos dándole asilo y protección al enemigo con nuestras concesiones y complacencias? ¿Nuestro temor y apatía están permitiendo que nuestra familia forme alianzas con el adversario?

Fue una alianza malsana la que le abrió la puerta al enemigo en la tienda de Jael. ¿Por qué Sísara entró audazmente a la morada de Jael? La Palabra nos dice que Jael era la esposa de Heber ceneo (Jue. 4:17). En esta historia, los hijos de Israel habían sido vendidos como esclavos por su crueldad. Jabín era su amo (v. 2) y era el Rey de Canaán que oprimía a los hijos de Dios. Es decir, el enemigo. Heber, el esposo de Jael, entabló una alianza de paz con Jabín. La palabra señala que la casa (la familia) de Heber estaba en paz con Jabín (v. 17). El esposo de Jael había hecho un pacto familiar de paz con el enemigo, ¡dándole un nuevo significado a la frase "durmiendo con el enemigo"!

> *El enemigo quiere nuestra semilla y cruzará cualquier barrera para robarla y destruirla.*

¡El linaje de Jael había entablado una alianza nociva con el enemigo del pueblo de Dios! ¿Cuántas de nosotras hemos heredado alianzas familiares con el enemigo? ¿Cuántas de nosotros hemos sido testigos de cómo nuestros abuelos, tíos o cónyuges han transigido con el demonio, dándole la bienvenida a sus hogares y a las vidas de sus hijos? Esto pudo haber desencadenado la actividad de demonios generacionales que han ensombrecido nuestro historial familiar con adicciones, enfermedades, perversiones, desolación, alcoholismo, divorcio, homosexualidad, cáncer, diabetes, etcétera. ¿Cuántas hemos identificado en alguna oportunidad patrones de iniquidad que han marcado a nuestro linaje? ¿Hemos alguna vez identificado tendencias que señalan pecados y enfermedades que van pasando de generación en generación en nuestra familia, ante las que nos hemos llegado a sentir indefensas?

El libro de Isaías señala que Jesucristo fue herido por nuestras rebeliones y molido por nuestras iniquidades (Is. 53:5). Por *iniquidad* debemos entender el ser flexibles ante lo perverso o depravado.[1] Isaías 32:6 menciona nuevamente la palabra *iniquidad* y se refiere a doblegarse ante el mal. Cuando el pecado sea la acción final o el resultado de la iniquidad, esta se referirá a ceder ante el pecado. Se asemeja a una flecha que no fue propiamente enderezada y cuya curva en el asta le impedirá dar en el blanco. Fallar el blanco es una excelente descripción de lo que es el pecado. Por lo tanto, las iniquidades son la inclinación al pecado, que nos aleja de la justicia en nuestra vida. ¿Cuántos de nosotros podemos ver en nuestra vida y en la de nuestra familia la predisposición hacia ciertos pecados? Tal configuración es transmitida bien sea espiritualmente o genéticamente, en lo que yo llamo el ADN espiritual. Sea por medio de influencias ambientales o espirituales (en mi opinión, es una combinación de ambas) es posible observar los hábitos y patrones que conllevaron a nuestro linaje a incurrir en los mismos pecados y enfermedades generación tras generación. Es nuestra propia alianza familiar con el enemigo. Son lugares de destrucción y refugios para el pecado que le proporcionan un escondite al enemigo desde donde puede seguir operando en nuestra vida o nuestro matrimonio para afectar a nuestros hijos. Le brinda un "lugar" al diablo, tal como lo señala Efesios 4:27; es decir, un espacio que puede ser ocupado o que es de relevancia. Esto es lo que los pecados le ceden innecesariamente al enemigo en nuestros hogares.

Sísara fue hacia la tienda de Jael porque pensó que allí obtendría refugio. De hecho, puede que anteriormente el haya disfrutado de morada y hospitalidad en casa de ella o de algún miembro de su familia. Siempre representaron un lugar seguro para él: eran amigos del enemigo. Cuando estaba en problemas, esperaba encontrar protección escondiéndose en su tienda. Pero ese día fue diferente, porque no había ningún otro miembro de la familia que pudiera intervenir a favor del enemigo. No había nadie sino Jael, y aquel día ella había decidido que ya era suficiente. ¡Estaba determinada a no seguirle dando la bienvenida al enemigo en su tienda! Le era leal a Dios y al pueblo de Dios y no iba seguir siendo viendo cómo Jabín y Sísara los esclavizaban. Ella conocía la verdadera autoridad y sabía que ni Jabín ni Sísara eran a quienes debía temer. Su temor le pertenecía al Señor. Esta es la respuesta a las madres que puedan estar operando en un espíritu de temor e intimidación. Si tememos al Señor, cualquier miedo hacia los hombres se desvanecerá. Nuestro anhelo de satisfacerlo a Él sopesará cualquier tentación de satisfacer al hombre. Jael no le temía a Sísara porque le tenía temor a Dios.

Jael decidió ese día que era hora de darle final a esa alianza familiar, esa iniquidad generacional. Se negó a no dar en el blanco, tal y como lo decidió Sama, el guerrero poderoso en 2 Samuel 23:11–12. Año tras año, el enemigo robó lentejas del jardín de su familia, pero hubo un año en el que algo cambió dentro de él, decidió que era suficiente y se propuso defender su terreno de lentejas, ¡a riesgo de su propia vida! Ese día, Sama rompió el ciclo de su familia, y Jael también decidió poner punto final al ciclo, diciéndose a sí misma: "No permitiré que el enemigo me haga hoy lo que le ha hecho a mis padres y abuelos, y a las generaciones anteriores". Jael luchó para que sus hijos no tuvieran que hacerlo. ¡Dejó de hospedar o de entretener al enemigo por el bien de su futuro!

ROMPECICLOS Y SACUDETIENDAS

Dios está en la búsqueda de rompeciclos y sacudetiendas. Está en la búsqueda de mujeres que estén más preocupadas por la victoria que por la estabilidad. Ese día, Jael estaba dispuesta a sacrificar la estabilidad de su tienda, su hogar y la estructura de su familia para destruir por completo al enemigo. Estaba dispuesta a usar una estaca de su tienda, su hogar, para metérsela al enemigo por las sienes y matarlo (Jue. 4:21)

¿Y si esa estaca formaba una de las esquinas de su casa? Por lo general, las mujeres de tribus nómadas, tal como a la que pertenecía Jael, ayudaban a erigir sus tiendas. Por lo que ella construyó las bases con sus manos y aseguró las estacas; sin embargo, ello vio más allá de la estabilidad temporal y se atrevió por una victoria duradera y destruyó así la estructura que había construido, usándola en contra de su enemigo.

¿Y si derrotar ciclos y tendencias generacionales implica que tenemos que levantar algunas bases falsas sobre las que establecimos a nuestra familia? En muchas ocasiones, romper con ciclos generacionales ocasiona una pequeña inestabilidad temporal en nuestro hogar porque nos damos cuenta de que nos hemos apoyado en un fundamento lleno de imperfecciones y engaños. Estamos obligadas a reconocer las mentiras sobre las que hemos fundamentado nuestra vida, y que incluso hemos pasado a nuestros hijos. La verdad produce libertad, pero revela además lo que en ocasiones no queremos ver. ¿Estamos dispuestas a ser testigos de la verdad para poder experimentar la libertad en nuestro hogar? ¿Y si eso significa que nuestra tienda se va a sacudir necesariamente un poco para poder así encontrar estabilidad verdadera? La liberación no es siempre limpia y bonita, y vencer ciclos generacionales muchas veces requiere sacudir hasta la base. Como mujeres, ¿estamos dispuestas a permitir que el enemigo duerma en nuestra tienda, para así conservar la paz y un falso sentido de seguridad? ¿O ya hemos llegado a ese punto en el que decidimos que ya hemos tenido suficiente?

Nosotras, como Jael, somos la única persona que está entre el enemigo y nuestros niños. No hacer nada no es opción: él ha cruzado el umbral de nuestro hogar. El campo de batalla dejó de ubicarse en el medio de plazas, barrios peligrosos o en oficinas de políticos. ¡Ahora está en nuestra casa! En los pasillos de nuestro hogar, en nuestro televisor y computadoras, en los dispositivos electrónicos de nuestros hijos y en las relaciones que ellos entablan. Debemos darnos cuenta de que el enemigo ingresará por cualquier puerta que esté abierta o por el umbral que pueda, independientemente de si es grande o pequeño. ¿Qué escogeremos? ¿Permanecer allí sin hacer nada? ¿Seguir somnolientas y distraídas con los menesteres de la vida?

Jesús dijo que conmovería todo lo que deba ser conmovido para que queden los inconmovibles (Heb. 12:25–29). Me temo que algunas de nosotras estamos demasiado preocupadas en la estabilidad de lo que ha sido como para atrevernos a buscar la victoria de generaciones futuras. El enemigo ha tenido acceso a nuestra morada durante bastante tiempo, y el Espíritu Santo desea que lo desalojemos de una vez por todas. Es tiempo de que nuestros hogares sean habitados por la gloria de Dios y de su Espíritu, y que no haya espacio para el enemigo ni sus conspiraciones.

El poder de la sumisión y la obediencia

¿Qué armas de guerra escogería usted? ¿Cómo vencería a un enemigo que estuviera en su puerta? No hay Débora alguna que pueda salvarnos en medio de la noche, ni guerrero armado que esté cuidando nuestra tienda en medio de la tarde.

Solo estamos nosotras y el Espíritu Santo, y el Señor lo decidió así con un propósito.

Ese era el arsenal de Jael. Ella jamás tomó una espada ni intentó utilizar una lanza. De hecho, ello no habría tenido éxito con un arma a la que no estuviera acostumbrada. Sin duda, el enemigo la habría vencido. En lugar de ello, hizo utilizó del don de la hospitalidad y la amabilidad de su espíritu sumiso para atraer al enemigo con una falsa sensación de seguridad que le impidió presagiar su destino. Ella fue sabia, y luchó con una estrategia habilidosa y con las armas con las que estaba familiarizada. Utilizó las armas que empleaba en su vida cotidiana.

No nos engañemos pensando que nuestros dones y habilidades no son suficientes. Ya tenemos todo lo que se necesita para salir victoriosas ante el adversario. Jamás subestimemos lo que tenemos a mano porque no luzca como un arma. Fijémonos en Moisés, que se enfrentó al Faraón y llevó plagas devastadoras a Egipto, e incluso fue capaz de dividir el mar Rojo con una simple vara de pastor (Éx. 7–14). No se trataba de un arma típica de intimidación. Por su parte, Sansón se sirvió de una quijada de asno y mató a mil filisteos (Jue. 15:15). David corrió hacia el gigante Goliat y solo contaba con sus herramientas cotidianas de pastoreo: una honda y una piedra (1 S. 17:49). Parecía una defensa poco razonable ante el imponente Goliat; no obstante, fue este último el que resultó vencido. Como madres, nosotras también debemos confiar en que el Señor nos ha equipado con todo lo que necesitamos para ganar la batalla, y confiar en los dones que nos ha otorgado.

Requirió algo de tiempo, pero Jael tuvo al enemigo justo donde quería. Actuó del mismo modo que Ester, que tuvo a un enemigo en su propio hogar, al pie del oído de su esposo. Ella jamás utilizó una espada ni levantó su voz. Luchó su batalla de rodillas, e hizo uso de lo que le fue otorgado para ganar la pelea. Se sirvió de su belleza y de su espíritu sumiso para ganarse el corazón del rey e invitarlo a su banquete estratégico. Fue entonces que ella le puso una trampa a su adversario bastándose de su don de hospitalidad. Fue paciente, estratega, y logró que el enemigo se sintiera a gusto mientras hacía su movida para matarlo. De igual modo, Jael usó su don de la hospitalidad para tener al enemigo en sus manos.

Nuestra sociedad subestima las armas de sumisión y mansedumbre. Para muchos, ser dócil equivale a ser débil, pero es todo lo contrario; requiere una mayor fuerza actuar con control, especialmente tras ser provocadas. La *mansedumbre* ha sido definida como "tener el poder bajo control".[2] Por su parte, sumisión es cuando escogemos la rendición o ceder nuestra autoridad a

> *Solo estamos nosotras y el Espíritu Santo, y el Señor lo decidió así con un propósito.*

alguien más. Débora demostró el poder de la sumisión al dirigir la batalla desde el puesto de pasajero en el carruaje. Ella no necesitaba tener el control de las riendas del caballo o estar a cargo, ya que logró cumplir con su tarea desde donde estaba mientras permitía que Barac liderara. Ella estaba como jueza por encima de él, pero se puso por debajo mientras este dirigía la batalla. No hubo problemas de rango porque Débora no le temía a la sumisión. Hay armas a las que el enemigo les teme en las mujeres. Ella estaba segura en su asiento.

Un corazón de sumisión y obediencia al Señor es lo que lo atraerá su presencia y su gloria para que reine en nuestro hogar, y lo que nos hará peligrosas en el Espíritu.

Jael tomó una de las estacas de la tienda que servía como base de la estabilidad de su hogar y la golpeó con un martillo que representa la Palabra de Dios. La Palabra, como tradicionalmente se enseña, no solo fue la espada en esta historia. Fue un martillo. Jeremías 23:29 dice: "¿No es mi palabra...como martillo que quebranta la piedra?". Además de perforar, la Palabra tiene el poder de romper. El uso constante de la Palabra convertirá cualquier bastión en escombros. Al enfrentarnos a cualquier bastión o inequidad generacional, debemos aplicar de forma reiterada y consistente el uso de la Palabra, del mismo modo en que un martillo golpea la roca. Parecerá ineficaz en los primeros golpes y puede que sea difícil hacerle seguimiento al progreso. Va a requerir bastante esfuerzo y sudor y, aun así, parecerá que la roca no se mueve; sin embargo, cada golpe irá debilitando desde adentro a esa roca o bastión. Ese es el poder de la Palabra. Solo sigamos recurriendo a la palabra. Requerirá de tiempo y precisión. Sentiremos cansancio y desánimo en ocasiones, pero estaremos derrumbando el bastión desde adentro. En cualquier momento la roca que parecía inmóvil comenzará a desplazarse y a hacerse pedazos. Este es el resultado de usar de manera constante y precisa la Palabra de Dios. Leamos la Palabra en presencia de nuestros hijos, publiquémosla en nuestro hogar, peguémosla en nuestros espejos. Leámosla en voz alta durante el día y orémosla en las noches a nuestra familia cuando vayamos a dormir. ¡Usemos la Palabra! Ella no puede ni volverá a vacía, según Isaías 55:11.

¡Su familia ya no estará secuestrada por bastiones generacionales y alianzas con el enemigo! Levántese conmigo y declare, así como lo hizo Jael, que aquello que antes era permitido en su hogar, ya no será bienvenido a partir de hoy.

Declaro con determinación y fuerza que martillaré hasta que mi familia esté completamente libre de toda alianza que haya sido entablada con el enemigo. Que todo fundamento inadecuado sea arrancado. Libero una conmoción que nos liberará de toda atadura y restablecerá en nosotros la verdad que nos hace libres. Declaro que la palabra va a destruir lo que llevó generaciones al enemigo construir. En el nombre de Jesús, ¡el enemigo ya no es bienvenido en mi hogar! ❖

Capítulo 14
DESECHEMOS EL ESPÍRITU CONTROLADOR

>>>•------------------•◀

RECIENTEMENTE, DIOS ME dio uno de esos momentos únicos en los que interrumpe divinamente mi día para hablarme de algo que cambiará mi vida. Como madres, generalmente estamos abrumadas por nuestros quehaceres, y conseguir un momento de calma es todo un reto. No obstante, Dios en su gracia comprende nuestra situación, e irá a nuestro encuentro donde estemos. Atraerá nuestra atención de una forma que solo Él puede lograrlo, y nos manifestará que Él nos está mirando y que está involucrado en cada aspecto de nuestra vida.

Estaba de salida del colegio de mis niños, conversando con otra madre, cuando un hermoso pajarito voló justo encima de nosotras a una altura muy baja. Algo andaba mal, porque no pudo mantener el vuelo y se precipitó al terreno que estaba a nuestro lado. Mi amiga y yo detuvimos nuestra conversación y vimos el esfuerzo de esta ave, que trataba de volar infructuosamente. Sabíamos que no era normal y, al acercarnos, notamos lo que estaba ocurriendo. Su pico estaba lleno de ramas que usaría para construir su nido. Estaba intentando construir un refugio para sus bebés, pero la carga que llevaba era demasiado pesada como para volar con ella. Entendí que el Señor me estaba mostrando una ilustración de mí misma, y me dieron ganas de reír y llorar al mismo tiempo.

La pequeña mamá pájaro estaba tratando de hacer, con todo su corazón, lo que creía que era mejor para sus bebés. Sus intenciones eran puras y desinteresadas; no obstante, la carga que llevaba era demasiado para ella, que no fue creada para elevarse con tanto peso. A pesar de ello, seguía intentando volar, pero continuaba precipitándose a tierra. En todo ese tiempo, se rehusó a deshacerse siquiera de la más mínima cantidad. Lo único que necesitada hacer, era soltar y confiar que lo que ella podía cargar le sería suficiente. De ese modo habría podido elevarse nuevamente. Todas las buenas intenciones que haya podido tener, no hicieron más que ponerla en peligro de ser herida en tierra, impidiéndole volver a reunirse con sus bebés.

¿Por qué hace eso?, pensé. Quizás vio a otra ave de mayor tamaño o más fuerte que ella y pensó que ella era capaz de cargar el mismo peso, o tal vez olvidó que ella fue diseñada de forma diferente y cayó en la mentira de la comparación. Incluso, puede que haya pensado que cuanto más tomara mucho mejor sería, porque podría armar su nido en menor tiempo, en lugar de hacerlo poco a poco. También puede ser que se sobrecargó pensando que sus bebés necesitarían un nido de mayor tamaño, o que ellos la amarían más si ella se esforzaba en cargar más y más. Probablemente era una madre insegura que buscaba la aprobación de sus hijos y de otros en su hogar.

La verdad es que sus pajaritos la necesitaban a ella mucho más que al relleno del nido. Pero, ¿por qué ella no lo entendía? Por la misma razón que muchas no lo entendemos: pensamos que podemos cargar más que aquello para lo que Dios nos diseñó. Las pesadas cargas de muchas madres solo amenazan su salud y seguridad espiritual, lo que a su vez pone en peligro a aquellos a los que ellas quieren servir. Si no somos capaces de elevarnos, no podremos alimentar, proveer o ser el ejemplo que nuestros hijos necesitan que seamos. Si estamos asfixiadas, todos sufren. No podemos sacrificar nuestra habilidad de elevarnos por hacer aquello que creemos erróneamente es lo mejor para nuestra familia. Ellos necesitan que actuemos sujetas a la gracia y capacidad que Dios ha diseñado para nosotras. Necesitan ver que nos elevamos, aunque eso implique que debamos soltar algunas de las cosas que nos alegren la vida.

INVERSIÓN ETERNA O TEMPORAL

Esto me recuerda la conocida historia de María y Marta. Ambas mujeres amaban a Jesús, pero cada una tenía una percepción muy distinta de lo que Él esperaba de ellas. La Palabra dice en Lucas 10 que Jesús yendo de camino, entró en una aldea (Lc. 10:38). Esto era algo que tanto los peones como los cosechadores hacían al final del día en búsqueda de comida y descanso de su jornada. Jesús llegó a casa de ellas a relajarse y refrescarse. María y Marta tenían interpretaciones diferentes de lo que Jesús quería o necesitaba durante su visita, pero María lo entendió. Sabía que lo importante era estar sentada a sus pies en comunión y no estar haciendo quehaceres en la cocina (v. 39). En efecto, siempre hay un lugar que servir; como madres vivimos la vida al servicio; no obstante, el servir no puede desplazar o reemplazar nuestros ratos de quietud e intimidad con el Señor. Marta estaba molesta porque María no trabajaba, pero pasaba tiempo con Él (v. 40). En muchas oportunidades, experimentado la ira de Marta, generalmente dirigida hacia mi esposo, porque él siempre encuentra tiempo para jugar con los niños o para sentarse a ver una película mientras yo estoy lavando platos o doblando la ropa. En lugar de poner un momento el trabajo a un lado y estar presente para mi familia, me molesto con él por no ayudarme a terminar con la lista de quehaceres. A medida que mis hijos crecían, me di cuenta de que los recuerdos no se construyen con la cantidad de ropa que yo haya lavado o por las mañanas en las que sus uniformes estuvieron planchados. Ellos no recuerdan los días en los que la casa estaba impecable o cuando estaba sucia, sino las veces en las que estuve presente, compartiendo con ellos. Estos son los recuerdos que perduran.

Jesús le dijo lo mismo a Marta. Lo que Marta decidió hacer con su tiempo, se esfumaría tan pronto la comida estuviera lista, mientras que lo que María escogió duraría de por vida y no le será quitado (Lc. 10:42). No se trataba de una inversión temporal como servir una comida, sino de una inversión permanente. Cuando distribuyamos nuestra vida y determinemos nuestras tareas diarias, recordemos las palabras de Cristo e invirtamos tiempo en los asuntos eternos, y no solo en los temporales. Pasemos nuestro tiempo haciendo aquello que dure más de un día. No nos enfoquemos solamente en nuestra lista de asuntos pendientes del momento. ¡Jesús nos da permiso de hacerlo!

Si tan solo esa pequeña ave hubiera tenido acceso a las Sagradas Escrituras y sabido la verdad. Dios dijo en Mateo 6:26 que Él mira las aves del cielo, y que las alimenta y cuida de ellas. No había necesidad de que esa ave cargara con todo ese peso innecesario. La conducta del ave demuestra su ignorancia del cuidado de Dios por ella. ¿Acaso nuestra vida nos hace lucir desconectadas del Salvador que amamos y en el que confiamos? ¿Puede alguien vernos decir lo que Jesús le dijo a Marta: "Afanada y turbada estás con muchas cosas. Pero (solo) una cosa es necesaria" (Lc. 10:41–42). Jesús estaba evitando complicar lo simple, su yugo es fácil y su carga es ligera (Mt. 11:30). Sus expectativas no son iguales que las nuestras, ¡y Él nos conferirá la capacidad para que logremos lo que Él espera de nosotras!

El Espíritu que nos guía

Las madres de nuestra generación deben ser liberadas de lo que yo llamo el "espíritu controlador". Es una asignación demoniaca esclavizarnos y formar nuestra identidad en base a nuestras tareas ejecutadas y logros. En el libro de Éxodo, los hijos de Israel eran dirigidos a diario por supervisores que usaban su fuerza y destreza para controlarlos y construir el reino malvado del faraón (Éx. 1). El pueblo de Dios trabajaba y sudaba la gota gorda, pero en realidad nunca disfrutó de los frutos de su labor. Este espíritu controlador aún opera hoy en muchos de los hijos de Dios. Es ese espíritu controlador el que nos dirige y nos usa hasta el cansancio por un propósito más bajo a aquél para el que fuimos creadas. El controlador tiene la misma voz de Marta criticando a las madres con el corazón de María. Siempre intentará culparnos o condenarnos, y acecharnos cada vez que nos sentamos a los pies de Jesús. Madre, hoy te libero de la opresión del espíritu controlador, el opresor que te dirige. Eres mucho más de lo que produces y tu papel como madre no se limita a ser una simple sierva y productora. También fuiste diseñada para liderar y elevarte en tu identidad como hija de Dios.

> *Pasemos nuestro tiempo haciendo aquello que dure más de un día. No nos enfoquemos solamente en nuestra lista de asuntos pendientes del momento. ¡Jesús nos da permiso de hacerlo!*

Somos hijas antes de ser madres, y no solo me refiero en un sentido físico. Antes de que Eva se convirtiera en la madre de todos, era la hija de Dios. En el jardín fue creada primero como hija de Dios y reinó conjuntamente con Adán. Su nombre, *Mujer*, la conectaba con Adán y denotaba que era una expresión separada del mismo ser (Gn. 2:23). Ambos eran Adán y reinaron juntos. No fue sino hasta la caída, cuando a Adán se le otorgó dominio sobre ella, que cambió su identidad. El pecado cambió la identidad de la mujer. A Adán se le dio la habilidad de nombrar todo aquello que estuviera bajo su dominio, y luego de la caída, se le dio la habilidad de nombrar a la mujer del mismo modo en que él lo hacía con las demás criaturas bajo su control. Él le cambió el nombre a Eva, que significa "madre de todas las cosas" (Gn. 3:20).

Hubo un cambio entre ser coheredera y productora, y su

nombre identificaba todo aquello que ella podía producir, pero no incluía aquello para lo cual fue creada. Primero era una hija con autoridad antes de ser una madre con responsabilidad. Ser una madre era un honor; no obstante, el nuevo nombre no abarcaba su identidad por completo. Cuando Dios creó a la mujer, ¡no había niños ni platos sucios que lavar! Ella fue creada para tener comunión con Adán y con Dios.

Como madres, somos hijas de Dios antes de ser madres. Nuestra identidad no puede verse afectada por aquello que realizamos. Nuestros hijos necesitan vernos elevarnos en nuestra identidad antes que vernos como cuidadoras y como alguien que se desvive a satisfacer sus necesidades. Ellos necesitan ver que en nosotras hay una hija de Dios, alguien que está apasionadamente ena-

> *Eva fue hija con autoridad antes de ser una madre con responsabilidad. Nuestros hijos necesitan ver que en nosotras una hija de Dios, alguien que está apasionadamente enamorada de Él.*

morada de Él. Tan pronto comencemos a ver las cosas de este modo, todo lo que necesitemos obtener y lograr con nuestro esfuerzo nos será concedido. En otras palabras, primero busquemos a Dios y Él llevará el resto de la carga por nosotras (Mt. 6:33). No temamos soltar el exceso de equipaje. Confiemos en Él porque Él nos tiene a nosotras y a nuestra familia bajo su cuidado. Pongamos toda nuestra ansiedad sobre Él y permitamos que Él cuide de nosotras (1 P. 5:7). No hagamos como el ave tonta que vi, que no confiaba en su Creador. Liberémonos de la mentalidad controladora y actuemos bajo la gracia del Reino. Liberémonos de pesos y cargas innecesarias, y no mostremos solamente nuestro lado de madre, sino también el de hija. Esta es la inversión eterna que Jesús dijo que jamás nos sería quitada.

Declaro tu libertad, madre del Reino. Libertad de elevarte en lugar de caer. Valor de soltar el peso que te está reteniendo, impidiéndote que te eleves en la gracia de lo que te fue asignado. Declaro que toda preocupación y estrés por tus responsabilidades deje tu vida en el nombre de Jesús. Oro para que haya un cambio de identidad en tu vida, de manera que puedas deshacerte de todo peso y distracción que te aparte del rumbo. En el nombre de Jesús, derribo el espíritu controlador que te está afligiendo, y declaro que el Espíritu Santo te llevará a darte cuenta de que eres una hija suya, y que estás sentada a los pies de Abba Padre. ❖

Capítulo 15
APRENDAMOS A ARDER

>>>►►———————————————◄►

L A OSCURIDAD ES muy engañosa: oculta lo que está presente y cubre lo que suele ser visible. La oscuridad simplemente esconde todo lo que puede ser fácilmente percibido u observado en la luz. No cabe duda de que el enemigo se esconde en la oscuridad porque le sirve de velo y camuflaje para sus conspiraciones. Por ello, es muy importante que todo hijo de Dios lleve la luz a cada lugar oscuro. Jesús nos encargó que fuéramos la luz del mundo (Mt. 5:14). Si nuestra luz satura toda ciudad y nación, dejará de prevalecer la maldad. Si de verdad la luz invade nuestro hogar, el enemigo dejará de pasar desapercibido mientras intente dividir y robar a nuestra familia. Como madres del Reino, debemos tratar de clamar por luz para disipar la oscuridad, ¡y esa luz debe ser liberada desde nuestro interior!

¿Qué significa realmente ser la luz? ¿Qué tiene la luz que es tan poderosa como para que Él se haga llamar la luz del mundo (Jn. 8:12) y nos haya encargado que seamos la luz? La luz es una fuerza tan poderosa que ni siquiera necesita emitir sonido alguno para dar a conocer su presencia. No necesita pelear en contra de la oscuridad o luchar por un espacio para sí: una vez que la luz aparece, la oscuridad se disipa. Huye. La luz da visibilidad y emite calor. Cambia la atmósfera, la perspectiva y la temperatura. En el principio, Dios creó la luz como telón de fondo de su habilidad creativa (Gn. 1:3). La luz fue el lienzo sobre el que fue creada la tierra. Fue precursora de su Palabra. La luz puso el escenario para que la Palabra diera fruto, y todo lo que Dios nombró, fue creado.

ILUMINEMOS NUESTRO HOGAR

En la iglesia que Kevin y yo pastoreamos, tenemos la bendición de contar con una escuela ministerial, no solo para los adultos, sino también para los niños de la iglesia. Estudiantes de la escuela primaria y secundaria se reúnen diariamente, tanto para lograr sus metas académicas, como para aprender sobre el Reino de Dios. En el pénsum de nuestra escuela hay una clase llamada "Tradiciones judías". Yo siempre he estado fascinada con el estudio de nuestras raíces hebreas y me encanta participar cuando nuestros estudiantes celebran las fiestas anuales judías. Un día, asistí con mis hijas a una representación de la Pascua y Dios me dio una revelación profunda relacionada con mi papel de madre y esposa.

A modo de preparación, antes de comenzar la representación de la Pascua, el maestro le dijo a la clase que la celebración comienza cuando comienza el Sabbat semanal y que la familia se reúne alrededor de la mesa previamente. La madre, generalmente, es la que limpia la casa y prepara la comida para la celebración. Esto me recuerda cuando David dijo en el Salmo 23 que el Señor sirve su alma: "Aderezas mesa delante de mí en presencia de mis angustiadores" (v. 5). La preparación no siempre es fácil y puede pasar desapercibida, pero la inversión de tiempo y amor de la madre se puede ver y experimentar como algo que ella ha preparado, que es un lugar de reunión y una base para que la familia se reúna y reciba la bendición hebraica en sus vidas. Sin la preparación de la madre, la familia no tendría lugar de reunión.

Madres, esto es parte de nuestro propósito divino. Podemos crear un lugar de reunión en nuestro hogar. El corazón y el fluir de la vida pueden provenir de algo tan simple como la mesa familiar. ¿Soy demasiado anticuada por defender la recuperación de la mesa familiar en nuestros hogares? Sé que es difícil por las ocupaciones, y el ritmo de la vida parece que no lo permite, pero algo indescriptible ocurre cuando una familia hace una pausa para reunirse y compartir el alimento. Esta era la costumbre del discipulado en el libro de Hechos; ellos iban de casa en casa y partían el pan juntos, y así la Iglesia crecía diariamente (Hch. 2:46–47). La mesa es el punto de reunión para comunión, el escenario que Cristo escogió para dar una de sus revelaciones personales más íntimas durante la última cena. El lugar que Él escogió no fue la sinagoga, ni un auditorio repleto. Fue la mesa familiar. Dios escogió la revelación de un padre con su familia representando su acto de amor más grande hacia nosotros.

Este puede ser un patrón de discipulado en nuestro propio hogar. Aunque se pasen la pizza de plato en plato o los *nuggets* de pollo sean el centro de atención, yo siempre reto a las madres a invertir tiempo en crear un lugar de reunión para sus familias en medio de esta sociedad tan frenética. No permitamos que la televisión o los teléfonos celulares sean el foco de atención durante las comidas. Tomemos un momento para observar a cada miembro de la familia a los ojos y tener una conversación espontánea. Solo observemos lo que puede ocurrir cuando invertimos tiempo en este tipo de encuentros. Cuando toda la familia se reúne, todas las edades alrededor de una misma mesa, se crea una sinergia que es impredecible, pero extremadamente valiosa. Incluso, aunque ocurra una sola vez por semana, como en el caso del Sabbat, convirtámoslo en una prioridad. Oro por la recuperación de la mesa familiar en los Estados Unidos.

Después de que la matriarca o madre del hogar prepara la mesa, la familia espera por el acto ceremonial que inicia todo Sabbat y toda celebración. Se deben encender las velas antes de empezar a comer. Así como Dios creó la luz al principio, antes de crear el mundo con su palabra, se debe encender una luz primero para que la bendición verbal del padre o el patriarca pueda ser derramada sobre la familia. La comida comienza con una llama y la familia se reúne en la oscuridad hasta que la vela es encendida. ¿Quién tiene la responsabilidad y el honor de encender el Sabbat, o la celebración de las velas? ¿Quién es la chispa que inicia todo? Es la madre. Sin el fuego de la madre, la familia se reuniría en la oscuridad. Lo más sorprendente es que estas velas no se pueden encender con un fuego o fósforo nuevo, sino que cada una se enciende con otra vela que haya sido encendida previamente. Es decir, la madre debe traer una llama ya encendida a la mesa para iniciar el fuego. Ella ya debe estar encendida para traer luz a toda su familia.

El día de la Pascua judía en la escuela de mis hijos, tuve una revelación cuando me di cuenta de que nosotras, las madres, tenemos el deber de ser la chispa que enciende el fuego en nuestro hogar. Tenemos la responsabilidad de traer la luz a la mesa y preparar el camino para la bendición que Dios derramará sobre nuestra familia. La luz prepara el ambiente para la próxima tradición. El padre o patriarca del hogar coloca las manos sobre la cabeza de cada uno de sus hijos y pronuncia una declaración de bendición sobre cada miembro de su familia. Así como lo hizo Dios en el principio, la

> **Sin el fuego de la madre, la familia se reuniría en la oscuridad.**

luz prepara el ambiente para la Palabra que será derramada en el hogar, y una sin la otra está incompleta. Madres, ¡nosotras somos las que preparamos el ambiente y las responsables de mantener la llama interna para que la luz pueda brillar en toda nuestra casa!

¡Una mujer encendida es la peor pesadilla del enemigo! Si la mujer posee una llama interna, tiene la habilidad de iluminar a los demás solamente con su contacto. El fuego es extremadamente contagioso y lo que toca lo consume. Esto significa que un grupo de mujeres encendidas puede iluminar a toda una generación. Así que no es de sorprender que el enemigo trabaje horas extra para asegurarse de que la llama de toda madre sea extinguida. Esa ha sido su estrategia desde el principio. Cuando Satanás se propuso en su corazón robarles la autoridad del Reino a Adán y Eva, primero dirigió sus esfuerzos hacia Eva. Ella fue la primera matriarca y la primera chispa de fuego de la humanidad. Satanás sabía que si él podía influir en Eva, podría ganarse el alma de Adán. Él vio el don de influencia sobre la familia que residía en ella y decidió manipularla para que trabajara de su lado. La llama del hombre se extinguió por la influencia de la mujer.

Esta es la verdadera razón de esta tradición hebrea relativa al papel de la mujer en el encendido de las velas del Sabbat. Fue precisamente la función de redimir lo que ella permitió que se extinguiera. Cuando la madre del hogar enciende las velas no solo está preparando el ambiente para su familia, sino que le está enviando un mensaje a su adversario. Es un grito de guerra no verbal y una declaración de la mujer a Satanás. A través del rito declara que nunca jamás permitirá que el enemigo use su influencia para apagar la vela del hombre. Al contrario, ¡utilizará su influencia para encender una llama en contra del enemigo!

Madres, llegó la hora de ser inflamables. Llegó la hora de ser no solo dadoras de vida, sino también mensajeras de *luz*. Pero el primer paso para convertirnos en esa chispa que inicia un fuego es estar encendidas nosotras mismas. Muchas de nosotras no tenemos la chispa interna que se necesita para iluminar nuestro hogar y nuestras familias están en este momento reunidas en la oscuridad, mientras que la bendición de Dios es retenida. El Espíritu Santo es la llama original que proviene del trono de Dios y solo Él puede encender ese fuego en nuestro interior. El propio Jesús es el que bautiza con el Espíritu Santo. Juan el Bautista afirmó que él bautizaba en agua, pero que el que venía después del de él (Jesucristo) ¡bautizaría en Espíritu Santo y fuego (Mt. 3:11)! El Espíritu Santo no solo está presente en las experiencias pentecostales en los altares de las iglesias.

El don del fuego tiene que ver con ser inflamables y esparcir el fuego a donde quiera que vayamos.

Después de que los discípulos recibieron la llama del Espíritu en Hechos 2, no pudieron quedarse inactivos en el aposento alto que habían utilizado para orar. Tenían que salir y encender a otros.

Ni siquiera podían permanecer dentro de los límites de su ciudad. Lo que ellos recibieron se esparció por toda Jerusalén, a través de Judea, y hasta los confines de su mundo, ¡y esa llama aún se está esparciendo por toda la tierra! Éste fuego nunca debe suprimirse. Debe ser contagioso. Cuando suprimimos el fuego, lo extinguimos. Es por ello que Jesús dijo que no se debe poner la luz debajo del almud, sino sobre el candelero, para que alumbre a todos (Mt. 5:15).

¡Una mujer encendida es la peor pesadilla del enemigo!

Madres, debemos tener la llama del Espíritu Santo continuamente encendida en nuestra vida sin restricciones. Podemos encender un fuego que no puede ser apagado.

¡Hoy rompo las limitaciones y el confinamiento del enemigo entre nosotras y nuestro llamado! El enemigo ha tratado de suprimirnos y restringirnos para apagar nuestra llama. Ha intentado sofocar nuestra pasión y silenciar nuestra influencia, tratando de destruir nuestra unción, pero hoy declaro que las ataduras del enemigo se rompan en nuestra vida.

Oro para que cada intento del enemigo de extinguir nuestra llama y restringir nuestra chispa nos sea revelado. Oro para que haya un derramamiento del espíritu Santo sobre nosotras, como ocurrió en el libro de Hechos y qué esa llama se pose sobre nosotras y nos consuma desde el interior. Oro para que nos convirtamos en combustible con nuestro espíritu y nuestra presencia. Y que el fuego del Espíritu se abra paso a través de esta nación y todas las naciones de la tierra. Es hora de levantarnos y brillar como nos recomienda Isaías 60:1, y cuando eso ocurra, ¡veremos que la claridad espiritual llega a nuestro hogar! Es la luz la que nos mostrará claramente el camino de Dios y la que nos dará dirección. Es la luz la que alejará la confusión. Es la luz la que iluminará lo que ha estado oculto en la oscuridad para que podamos ver claramente, "limpiar la casa" y purificar el sitio donde habitamos, para que more la presencia del Espíritu Santo. Es la luz la que prepara el camino para las bendiciones que ha ordenado el Señor.

ENCONTREMOS LO QUE SE HA PERDIDO

En Lucas 15:8-10, Jesús nos cuenta una parábola sobre una mujer que tenía diez monedas. Una de ellas se le perdió una en su propia casa. Cada moneda tenía gran valor para ella y no se sentía satisfecha de tener solo nueve monedas. ¡Volteó su casa al derecho y al revés, hasta que encontró lo que le pertenecía! Esta parábola es parecida a la historia del buen pastor, que dejó noventa y nueve ovejas para salir a buscar la que se le había perdido (Mt. 18:12-14). Dios no se conforma con saber la cantidad de gente que hay en una multitud. Como el Dios Pastor, Él nunca le pierde la pista a ningún individuo, y las madres comparten con Él esta filosofía.

La Palabra dice que el Reino de Dios es como esa moneda perdida, y yo añado que esas monedas pueden representar a nuestros propios hijos (Lc. 15:10). Ellos son la personificación del Reino. Así como esta mujer valoraba sus monedas, nosotros valoramos a nuestros hijos. ¿Qué hacemos cuando algo de valor se pierde debajo de nuestras propias narices, en nuestra propia casa? Me pregunto cuántas de las que leen este libro han perdido una moneda, ese hijo o hija que tiene tanto valor para usted, pero que en este momento está perdido. Tal vez, como dice la parábola, está perdido dentro de nuestra propia casa, sentado en su habitación, o alrededor de la mesa, pero desconectado de Dios y de su propósito. Incluso puede estar perdido asistiendo puntualmente a la casa de Dios. Es posible que uno de los suyos se pierda a pesar de sus esfuerzos por protegerlo. Pero esta mujercita no se dará por vencida hasta que recupere lo que ha perdido.

¿Cuál fue la solución para la moneda perdida? Una vela encendida y una escoba (Lc. 15:8). La Palabra dice que está mujer encendió una vela en su casa y comenzó a barrer. Encendió una luz que iluminó la basura que estaba oculta o que había enterrado su moneda. Lo que se revelo en la luz fue barrido diligentemente por ella. La vela y la escoba se convirtieron en instrumentos para recuperar la moneda perdida. Estos son los instrumentos que necesitaremos usar en el Espíritu en nuestros hogares, queridas madres. Son los mismos instrumentos que una mujer del hogar utiliza para preparar su casa en la Pascua. Ella limpia la basura e ilumina la oscuridad. Cuando dejamos que el Espíritu Santo brille en nuestro interior, podemos iluminar cualquier lugar oscuro en nuestro hogar que pueda estar afectando a nuestros hijos. ¡La luz iluminará el sucio que los ha enterrado, para que podamos eliminar dicho sucio de nuestra casa! Limpiemos nuestra casa de complacencias, carnalidades y pecados, y veremos que nuestra moneda perdida comenzará a brillar de nuevo.

¡La luz disipó las tinieblas, revelando así el tesoro de la mujer! Su moneda siempre estuvo allí, pero la ausencia de luz en el hogar permitió que su tesoro permaneciera perdido y oculto. Tal vez había un poco de luz, pero no era lo suficientemente brillante para iluminar los recovecos ocultos del hogar. Tal vez se necesitaba una luz más brillante. La ausencia de luz hizo que el polvo y el sucio se apilaran, ocultando su tesoro. ¡Pero la presencia de la llama trajo redención, y le permitió eliminar lo que estaba en su camino! ¡Su diligencia fue recompensada cuando lo que estaba perdido fue hallado!

Para aquellas que actualmente tienen monedas perdidas en su propia casa, ¡yo declaro que llegó la hora de ir en búsqueda del tesoro! ¡Llegó la hora de dejar que el Espíritu Santo encienda un fuego en nuestro interior, que ilumine todo el hogar y lleve a nuestros hijos e hijas a la salvación! Oro para que se encienda en nuestra alma una unción que limpie nuestra casa en el Espíritu Santo, de manera de acabar con toda complacencia y carnalidad que haya en el hogar. ¡Que las tinieblas huyan en presencia del Espíritu Santo que arde en nosotras, y que podamos hallar todas nuestras monedas! ❖.

Capítulo 16
NUNCA PERDAMOS EL
DESEO DE ALABAR

―――――>>>•――――――――•――――――

NECESITAMOS UTILIZAR TODAS las armas de nuestro arsenal para despertar la guerrera en nuestro interior. La efectividad de cada arma es diferente en cada batalla y debemos seguir la guía del Espíritu para decidir qué armas debemos usar y en qué momento de la batalla. Ya hemos hablado de algunas de estas armas, pero quiero tomarme unos momentos para hablar de un arma muy poderosa, una que nunca debemos dejar que el enemigo nos quite cuando el conflicto es más cruento. Esa arma es la alabanza. Esta arma tiene el potencial de poner la batalla a nuestro favor. El arma de la alabanza es fácil de usar y es más efectiva cuando nuestro adversario no se la espera. Es un arma creada para un ataque sorpresa.

CUANDO NOS PERDEMOS EN LA BATALLA

Aprendí sobre el poder que tiene una madre que alaba durante el nacimiento de Judah, la cuarta de mis hijos. Con mis primeros tres hijos, intenté el parto natural. Tenía el fuerte deseo de experimentar la labor de parto y hacer todo lo más naturalmente posible, pero tuve complicaciones en cada uno de mis tres primeros partos que no me permitieron dar a luz naturalmente. Abandoné mi deseo de parir naturalmente cuando tuvieron que hacerme una cesárea con mi hija Zion, pero el Señor en su misericordia nos envió un obstetra que me permitió intentar lo que la mayoría no había hecho: un parto natural después de varias cesáreas. Yo había decidido que, a menos que nuestras vidas estuvieran en peligro, los analgésicos no eran una opción para mí.

Hice todo lo que pude para prepararme para mi cuarto parto, ¡pero nada me habría preparado para los niveles de dolor y agonía que tuve que soportar! A pesar de que al principio había determinado tener un parto natural, llegó un punto en el que quise desistir, especialmente después de que me suministraron el medicamento Pitocin, que acelera e intensifica las contracciones. El dolor era tan fuerte, que no podía pensar con claridad. En verdad comencé a creer que moriría en ese proceso y que a nadie a mi alrededor, ni a las enfermeras, ni a los doctores, les importaba. Esto ahora suena como una tontería, pero cuando me encontraba en plena lucha, así lo sentía. Esto es lo que el campo de batalla nos puede hacer en ocasiones. Si no tenemos cuidado, una larga lucha puede producir pensamientos distorsionados y nublar nuestra perspectiva.

Convertirse en madre es inscribirnos en un curso intensivo de dolor y luchas constantes. El simple acto inicial de convertirnos en madres, de dar a luz, es uno de los procesos más dolorosos a nivel físico que un ser humano puede experimentar. Hay momentos de felicidad, paz y satisfacción indescriptibles, pero la presión puede llegar a ser abrumadora. No existe un salvoconducto que podamos obtener a través de la oración que nos permita huir de la batalla, ni una carta que nos libere el dolor. Ni siquiera María, la madre de Jesús, la mujer más favorecida y honrada de toda la historia, estuvo exenta de tristeza y dolor. Estoy segura de que tuvo batallas espirituales para las que nadie la pudo haber preparado. De hecho, parece que cuanto más grande es el propósito de un niño y su destino e influencia en el Reino, mayor es la lucha y la batalla que rodean su nacimiento y su desarrollo. El sufrimiento era parte de la asignación de María como madre del Mesías. Incluso, se le dijo que una espada traspasaría su misma alma, cuando Jesús era solo un niño pequeño (Lc. 2:35). Esa en realidad no es la palabra de profecía que nosotras como madres queremos escuchar, pero la verdad es que cada bebé traerá debajo del brazo una cierta cantidad de pruebas y luchas.

ALABAR DURANTE LA BATALLA

El secreto para mantener la victoria y sobrevivir la difícil etapa de la maternidad, es nunca dejar de adorar. Yo aprendí esta poderosa lección durante mi experiencia con el parto natural. Cuando sentía que el mundo se me venía encima mientras daba a luz a mi hija y estaba convencida de que mi muerte era inminente, le pedí a mi esposo que orara por mí. Yo hablaba completamente en serio, pero creo que él estaba tan asombrado por mi comportamiento en esta etapa del parto y tan inseguro de mi estado mental, que se reía de mí, mientras yo clamaba pidiendo oración. Yo creía que me estaba muriendo y clamaba a Dios que tuviera misericordia de mí, pero mi esposo pensaba que era divertido. Aunque sentía ganas de reírse, oraba fielmente por mí en voz alta. Yo tenía los brazos alrededor de su cuello y él me levantó cuando tuve que ponerme de pie, una táctica para acelerar el parto. Las enfermeras sabían que me podía desmayar, así que la única manera de salir rápidamente de esto era apresurarnos en cuanto fuera posible. Así que me colgué del cuello de mi esposo mientras él oraba, y él se convirtió en mi apoyo tanto físico como espiritual en ese momento. Creo que esta unificación entre Kevin y yo complació al Señor. Es lo que Dios desea en el inicio de cada etapa de nuestra vida como padres. Nos necesitábamos el uno al otro en ese momento y ambos compartimos el dolor de la lucha y el gozo venidero.

Así fue como nació el hijo de Dios: solo con María y José en un establo, sin enfermeras ni analgésicos. Eran solo ellos dos y todo el cielo que los observaba. José se convirtió en su asistente de parto y compartió la lucha y el gozo con ella. De forma parecida, Kevin y yo estábamos suplicando juntos al cielo, y para nuestra sorpresa, el Señor le dio una palabra para nosotros "Deven" dijo Kevin. "El Señor me dio una palabra para ti. Dijo: 'Deja que fluya la alabanza'".

"¿Qué? ¿Esto es un chiste cruel de Kevin?", me pregunté. Estaba clamando por misericordia y sufriendo tanto que ni siquiera podía respirar, y Dios me estaba pidiendo que comenzara a alabar. Por un momento quedé totalmente atónita, hasta que la profundidad de lo que el Señor me estaba diciendo me fue revelada completamente. Kevin y yo no nos habíamos puesto de acuerdo sobre el nombre de nuestra hija, hasta ese momento. Al principio de mi embarazo, había sentido que el Señor me había susurrado que la llamara Judah, pero Kevin aún no había recibido la misma confirmación. Cuando él me transmitió la palabra del Señor en la sala de partos, estaba declarando el nombre con sus propios labios, sin siquiera darse cuenta. Estaba diciendo: "Deja que llegue la alabanza", y Judah significa "alabanza". El espíritu de Dios estaba declarando: "Deja que llegue Judah", y eso fue lo que ocurrió, tanto espiritual como físicamente.

Ese momento de dolor y lucha fue el mejor momento para esgrimir el arma de la alabanza. Dios me enseñó una gran lección de maternidad que aún utilizo como punto de referencia cuando estoy en medio de una batalla o cuando experimento una gran presión.

> *Ese instante de dolor y lucha fue el mejor momento para esgrimir el arma de la alabanza.*

Me sirve de recordatorio de que justo en esos momentos cuando el enemigo menos lo espera, es cuando la alabanza es el arma más efectiva. Esta arma tiene el poder de cambiar nuestras circunstancias.

La alabanza de Josué hizo caer las murallas de Jericó. La alabanza le dio la victoria a Gedeón, aunque su ejército era más pequeño. La alabanza destruyó la cárcel donde Pablo y Silas habían estado encadenados. La alabanza es el arma que pone todo a nuestro favor, ¡y que toma al enemigo por sorpresa! En la sala de partos, cuando daba a luz a Judah, Kevin y yo nos rendimos a la palabra del Señor y utilizamos el arma de la alabanza. A pesar de que lucíamos y sonábamos como tontos, y con lo difícil que era incluso respirar o hablar, comenzamos a manifestar declaraciones de alabanza al Señor. Lo alabábamos a viva voz y aplaudíamos en su presencia. De inmediato, algo cambió en esa habitación y en mi cuerpo. En quince minutos, Judah ya había nacido. Cuando llegó nuestra alabanza, Judah también llegó. Hubo un acuerdo total con respecto a su nombre en ese momento. Cuando obedecí y alabé, el dolor inaguantable se transformó en gozo indescriptible, y mis lágrimas de dolor se convirtieron en lágrimas de felicidad. Mi proceso de dar a luz se desbloqueó a través de mi alabanza.

TRANSFORMEMOS LA ATMÓSFERA

Queridas madres, aún en lo más cruento de la batalla, e incluso durante los momentos de oposición, no podemos dejar que el enemigo silencie nuestra alabanza. Aunque no pensemos que tenemos la fortaleza para actuar en obediencia y alabarlo, debemos quebrantar nuestro espíritu y liberar nuestra voz para darle gloria de igual manera. Al igual que Pablo y Silas, debemos alabarlo aunque nuestros brazos estén encadenados y nuestras heridas sangrando. Él es digno a pesar de nuestra circunstancia. Una madre que alaba es una madre victoriosa. Un hogar lleno de alabanzas es un campo fértil para la gloria de Dios.

Cuando surja el conflicto, usemos el arma de la alabanza. Cuando la pesadez o el dolor nublen nuestro hogar, usemos el arma de la alabanza. Convirtámonos en transformadoras de energía elevando nuestra voz al Señor porque Él es digno. Enseñémosles a nuestros hijos a mantener la alabanza a Dios continuamente en sus labios. Esto los convertirá en armas potentes, que le cerrarán la boca del enemigo. El Salmo 8:2

declara: "De la boca de los niños y de los que maman, fundaste la fortaleza, a causa de tus enemigos, para hacer callar al enemigo y al vengativo".

Recuerdo vívidamente una noche en particular en la que la casa de los Wallace estaba llena de conflictos. Mis cuatro hijos se peleaban entre ellos y no había paz en ningún lugar. Un espíritu de conflicto puede invitar a otros espíritus oscuros a habitar en nuestro hogar y eso es algo que nosotros no toleramos como filosofía en nuestra familia. Ya había tenido suficiente, y el Espíritu del Señor me impulsó a reunir a mis hijos para cambiar la atmósfera de nuestro hogar. Los llamé a todos a la sala, incluso a Kevin, y les dije: "Vamos a alabar al Señor todos juntos en este momento". Los niños nos miraron sorprendidos y en ese momento no nos tomaron en serio, ni a mí ni a su padre. Pero yo insistí. "Estoy hablando en serio, niños. Vamos a cambiar la atmósfera y las palabras de nuestros labios para que sean del agrado del Señor. Hemos invitado el conflicto a nuestro hogar, pero ahora vamos a invitar su presencia".

> *El conflicto acabó en aquel momento, y la atmósfera se transformó. Este es el poder de unos padres y una familia que alaban.*

Literalmente, no les di más opción. Si podían respirar, se les ordenaba que lo hicieran. Podían escoger cualquiera de los siete métodos de alabanza que aparecían en las Escrituras, pero tenían que alabarlo.

Hubo un momento breve de incomodidad, pero Kevin y yo simplemente lo ignoramos. Comencé a cantar alabanzas al Señor. Luego mis hijas me acompañaron. Con toda la sinceridad de sus corazones, comenzaron a aplaudir, a cantar y a clamar delante del Señor. Los varones, de mala gana, comenzaron a musitar algunas alabanzas, hasta que sintieron y vieron que la atmósfera había se había transformado. Y cuando sintieron que algo estaba ocurriendo en sus corazones y en nuestro hogar, comenzaron a aplaudir y a gritar aún más alto. Antes de darme cuenta, toda la familia estaba alabando al Señor y comenzamos a dejar que el Espíritu Santo hiciera declaraciones sobre nuestro hogar. El conflicto acabó en aquel momento y la atmósfera se transformó. Este es el poder de unos padres y una familia que alaban. Trae la presencia de Dios, y el enemigo no tiene más opción que huir. Es un arma que los hogares a lo largo de todo Estados Unidos necesitan utilizar cada día. Que la atmósfera de nuestro hogar sea limpiada de toda palabra negativa, y de toda lucha y división. Que nuestras casas estén saturadas de palabras y música que inviten la presencia del Señor a morar con nosotros y a ser glorificado en medio de nuestras familias. Esto hará que nuestros hijos desarrollen una relación más profunda con Dios, y que los matrimonios estén unidos y llenos de paz. Hagamos un altar de alabanza en el centro de nuestras salas y veamos la verdadera vida de Dios fluir a través de nuestras familias, y así transformar la atmósfera en nuestros hogares.

> Querida madre, declaro que ya no permanecerás callada en tu dolor y en tu lucha. Esgrimo el arma de la alabanza del Espíritu, que tomará al enemigo por sorpresa. Oro para que tu alma recuerde la bondad de Dios y para que surja de ti una declaración de su fidelidad. Declaro que la atmósfera de tu hogar está cambiando y que la batalla se está volteando a tu favor. Permite que la alabanza surja y observa a Dios obrar a tu favor. ❖.

Capítulo 17
¡LEVANTÉMONOS Y RESPLANDEZCAMOS!

N0 SÉ CUÁNTAS de ustedes levantamos a nuestros hijos en la mañana con la frase: "¡Levántate y resplandece!", pero recuerdo que mi madre con frecuencia declaraba esa frase sobre mí cuando me levantaba para ir al colegio. A mí me encantaba dormir, ¡y detestaba escuchar esas palabras! Sin embargo, mi madre me amaba tanto, que no me complacía. Ella sabía que yo debía estar en algún lugar importante en una hora específica, y que si no asistía a la escuela todos los días podía arruinar mi futuro. Por supuesto, nada de eso me pasaba por la mente cuando me aferraba a mi cómoda almohada. Solo podía pensar en el momento. Ella, sin embargo, pensaba en mi futuro.

¡LEVANTÉMONOS!

Dios, como Padre amoroso que es, les responde a sus hijos que duermen de la misma manera. Isaías 60:1–2 nos dice: "Levántate, resplandece; porque ha venido tu luz, y la gloria de Jehová ha nacido sobre ti. Porque he aquí que tinieblas cubrirán la tierra, y oscuridad las naciones; mas sobre ti amanecerá Jehová, y sobre ti será vista su gloria". Al leer este texto, me imagino que la oscuridad que rodeaba al pueblo de Dios los había hecho dormirse y que ellos quizás estaban cómodos en su situación apática. Como madres, tal vez estamos en la misma situación: cómodas en nuestra rutina y pensando solo en el momento; viviendo en modo supervivencia y aferrándonos a nuestra almohada de apatía, tratando de ahogar la voz del Padre. Pero Él invita insistentemente a su novia a que se levante.

Esto significa que tenemos que cambiar de posición. La orden de levantarnos transfiere la responsabilidad a quien escucha y requiere que actuemos. Sea lo que sea que venga, cualquier acción que siga, no podremos realizarla estando en la misma posición. Será necesario un cambio y un movimiento. Será necesario que cambiemos nuestro cómodo estado.

Es difícil dormir estando de pie. Cuando era adolescente, si me quedaba acostada en mi tibia cama a pesar de la voz de mi madre, me volvía a quedar dormida. Era el cambio de estar acostada a estar de pie lo que forzaba a mi cuerpo a ponerse alerta y a prepararse para enfrentar el día. Las palabras de mi madre tenían valor y autoridad y yo actuaba obedientemente frente a ellas, incluso cuando no tenía ganas de hacerlo. ¿Cuánto más no deberíamos respetar la voz de nuestro Padre celestial? Pero esa no es la manera en la que muchas reaccionamos a sus órdenes. Escuchamos su voz, pero nunca tomamos la iniciativa de cambiar la posición de nuestra vida. Escuchamos, pero permanecemos en una posición de apatía. Escuchamos su Palabra y sus instrucciones, pero regresamos a nuestra rutina y nunca alteramos nuestra vida ni nuestro horario para adaptarnos a lo que Él requiere. Nos convertimos en oidoras de la Palabra, pero no en hacedoras de la Palabra. Naturalmente, nos resistimos al cambio. Desde el punto de vista espiritual, permanecemos en nuestras tibias camas, nos olvidamos de lo que Él nos ha dicho, y volvemos a quedarnos dormidas.

El despertar comienza con la voz de Dios, pero solo puede continuar si reaccionamos y cambiamos de posición. Tenemos que reconocer que, sea cual sea nuestra posición, hemos caído en la somnolencia espiritual y que no podemos permitirnos seguir dormidas. Así como el agua se estanca al permanecer mucho tiempo inmóvil, necesitamos despertarnos para estar alerta y en movimiento. El primer paso para resplandecer e iluminar nuestro hogar es levantarnos y elevarnos, haciendo un esfuerzo consciente por escuchar la palabra del Señor para nosotras. ¡Oro para que el Espíritu nos saque de nuestras cómodas camas y nos ponga de pie para obedecer su Palabra!

Levantarnos puede significar un cambio en el horario cotidiano, como apartar tiempo para la devoción personal en la Palabra de Dios, y para hacer de la oración y la intercesión una prioridad. A mí me gusta levantarme en la mañana y encender una vela como un recordatorio de que debo crear la atmósfera del día para mi familia. Levantarnos espiritualmente puede significar literalmente levantarnos físicamente para buscar a Dios. Levantarnos puede significar tener momentos habituales no solo de oración, sino también de ayuno para mantener nuestro espíritu en sintonía con

> **Es importante que, sea lo que sea que el Espíritu Santo nos indique hacer, ¡nos levantemos y lo hagamos!**

Dios y mantenernos alerta para toda la familia. Tengo una amiga que ayuna una vez al mes en el día de los cumpleaños de sus hijos. Es decir, si el cumpleaños de uno de sus hijos es el día quince del mes, ella ayuna cada quince de cada mes. El ayuno no siempre es un sentimiento súper espiritual, sino una práctica y una disciplina espiritual. ¡Es decirle a nuestra carne que despierte y escuche a nuestro ser espiritual! Así como en nuestro automóvil sintonizamos nuestra estación de radio favorita, el ayuno nos permite sintonizar nuestro espíritu con la frecuencia del cielo.

Levantarnos puede entrañar cambios en nuestro estilo de vida y en nuestro hogar, como por ejemplo reservar un tiempo semanal para las cenas familiares y para los devocionales. Puede significar sacar algunas cosas de nuestro hogar para preparar a nuestra familia para el despertar. Tal vez se deban limitar los equipos electrónicos, o limitar el horario de la televisión en vez de convertirla en el centro de atención de nuestra casa. Puede significar que higienicemos la atmósfera de nuestro hogar limpiando las ondas sonoras de música y conversaciones impías, así como de formas de entretenimiento inadecuadas. Es importante que, sea lo que sea que el Espíritu Santo nos indique hacer, ¡nos levantemos y lo hagamos!

¡RESPLANDEZCAMOS!

Una vez que nos levantemos, ¡nos convertimos en candidatas para resplandecer! Es interesante que en Isaías 60:1–2 se nos dice que el profeta está llamando al pueblo de Dios a levantarse cuando aún está oscuro. De hecho, ¡parece que la oscuridad es la señal de que es hora de levantarse! Esto es lo opuesto de lo que solemos hacer. Nuestros cuerpos físicos fueron creados para dormir de noche y levantarse en el día, pero en el Espíritu es lo opuesto. Dios creó a su novia para que brillara en la oscuridad, ¡y floreciera de noche! En la creación hay dos tipos de criaturas: las nocturnas y las diurnas. Las criaturas diurnas se levantan con el sol y funcionan con la luz del día, pero las criaturas nocturnas se despiertan cuando cae la noche y actúan en la oscuridad. Poseen herramientas visionarias especiales y atributos físicos acorde con el ambiente para el cual fueron creados. Esos atributos se desperdiciarían y serían poco efectivos durante el día, pero funcionan de forma eficiente y efectiva durante la noche. Una luciérnaga bajo la luz del sol apenas se ve, pero en la noche su belleza y su propósito se aprecian con total claridad.

Como creyentes, fuimos creados para ser nocturnos en el Espíritu. Tal vez prefiramos la comodidad del día, pero la verdad es que nuestro conjunto de habilidades fueron creados para funcionar de noche. Si solo brilláramos cuando es de día, estaríamos desperdiciando nuestro potencial como vasijas del Reino de Dios y el fuego de su Espíritu Santo. ¿Quién perdería su tiempo yendo a ver un espectáculo de fuegos artificiales a mitad del día? No funcionaría, porque algunas cosas fueron hechas para funcionar de noche.

Por esta razón, la novia de Cristo no debería caer en la tentación de correr y esconderse cuando la oscuridad envuelve esta tierra. ¡Deberíamos correr hacia ella, porque estamos preparadas para hacer algo al respecto! No permitamos que la oscuridad que nos rodea nos adormezca espiritualmente. Oro para que la oscuridad nos despierte, como dice el profeta Isaías. ¡Fuimos creadas para resplandecer en la oscuridad!

Existen ciertas criaturas nocturnas conocidas como bioluminiscentes, que tienen la habilidad natural de producir su propia luz en la oscuridad. Tienen, literalmente, una reacción química dentro de su cuerpo que las hace brillar. La luciérnaga es el ejemplo más conocido de este tipo de criaturas. Nosotras, las madres, fuimos creadas para ser bioluminiscentes. Así como la presencia de Dios en el Antiguo Testamento se manifestaba en una nube durante el día y en una columna de fuego durante la noche, nosotras tenemos la capacidad de resplandecer en la oscuridad. Nuestra luz no debe disminuir cuando la luz de la humanidad lo haga, porque nuestra luz no es de este mundo. Viene de adentro de nosotras.

Si tenemos el fuego del Espíritu Santo ardiendo en nuestro interior, tenemos la habilidad de producir nuestra propia luz cuando estamos en la oscuridad. No tenemos que depender de fuentes externas o de otros individuos para mantener ardiendo nuestro fuego, porque nuestra fuente de combustible está continuamente en nosotras. ¡Nuestros hijos también fueron creados para ser bioluminiscentes desde el punto de vista espiritual! En esta hora oscura, es tiempo de que usted y todos los miembros de su familia se levanten y resplandezcan con su luz interior. Entonces el mundo entero verá la luz y se dirigirá a Dios.

Declaro un movimiento por nuestra nación y nuestro planeta. Declaro un despertar de las madres. Que el Señor sacuda a su novia y que nosotras, como madres, nos levantemos y resplandezcamos en esta hora. Que nuestra luz recupere lo que se ha perdido en esta generación. Que podamos enseñar a nuestros hijos a brillar con el fuego de su presencia. Declaro un movimiento del Espíritu que volverá a abarcar toda la tierra y que puede comenzar en nuestro hogar. Somos la llave y Dios nos está llamando. Es la hora, madres, de levantarnos y resplandecer. ❖

Conclusión

Oro para que luego de habernos sumergido en las páginas de este libro, nuestro espíritu haya sido sacudido y despertado a nuestra tarea divina como madres. Oro para que hayamos escuchado el latido del corazón del Espíritu, tanto para nosotras como para toda nuestra familia. De hecho, estamos guiando a nuestra familia en uno de los momentos más difíciles de la historia, un tiempo lleno de depravación y oscuridad en el que a veces no parece justo criar niños en circunstancias tan adversas. Nuestra sociedad está empeñada en moldear a nuestros hijos en una forma que no coincide con la identidad de Cristo ni con la imagen de Dios que fueron creados para mostrar tanto interna como exteriormente. El empeño es moldearlos según los ídolos de este mundo y, en última instancia, alinearlos con el espíritu y la asignación del anticristo, el cual ha estado obrando en el mundo desde los tiempos de Cristo (1 Jn. 4:3).

Para los padres de esta generación, la presión parece insoportable. Resulta fácil caer presas del miedo y la ansiedad. En una ocasión traté de ver cómo bloquear las puertas y las ventanas para mantener a mis pequeños a salvo del mundo que los rodeaba. Sin embargo, esto es exactamente lo contrario a lo que el Padre desea de su pueblo en esta hora. Y es exactamente lo que el enemigo quiere que suceda. Él quiere intimidarnos, hacer que ocultemos su luz y nos desconectemos del mundo.

La oración de Jesús registrada en Juan 17 refleja su intención para nosotros. Él no pide que sus seguidores sean sacados de este mundo (v. 15). Él desea que estemos aquí para completar la obra que Él terminó por nosotros en la cruz. Él nos pasó la asignación de traer su Reino a esta tierra. Jesús nos pidió que no fuéramos del mundo, lo que significa que no nos podemos mezclar o ajustar a él. ¡Somos la sal que sazona y la levadura que transforma la masa! Somos la semilla de mostaza que se propaga. Estas son las parábolas que Cristo enseñó sobre el poder de nuestra presencia aquí en la tierra. Tenemos que estar presentes para producir un cambio, pero tenemos que ser puros y sin mácula para cambiar el entorno que nos rodea.

Probablemente muchas madres ya están desarrollando un plan para que su familia resplandezca, pero podríamos estarlo poniendo en práctica de la manera incorrecta. Tal vez ya estamos creando aceleradamente una lista de lo que necesitamos cambiar y nuestra estrategia para preparar a nuestra familia espiritualmente, pero una sensación de pánico se está apoderando de nosotras. Después de todo, ¿ya no tenemos como madres suficiente en nuestra lista de tareas pendientes? Pues la verdad es que el propósito nunca fue que lográramos esto solas. Yo me la pasaba luchando en busca de perfección, pero lo único que logré fue agotamiento y desesperación. Mi victoria no fue producto de mi esfuerzo, sino de una entrega diaria. En un momento en que pensaba que podría agradar a Dios y lograr más con toda mi actividad espiritual, Él me desafió a descansar en Él.

El descanso, aunque es algo raro para la mayoría de las madres, es en realidad un arma muy poderosa. Necesitamos descansar tanto física como espiritualmente. Nuestro espíritu fue creado para tener períodos de descanso, pero jamás duerme. Descansar es estar inmóviles, libres de trabajo y de ansiedad.

El descanso es un estado libre de preocupaciones que solo puede encontrarse en Cristo. El propósito de este libro es despertar nuestro espíritu como madres, pero no para ponernos a trabajar incansablemente para lograr lo que solo se puede lograr por medio del Espíritu. Tenemos que despertar de nuestro sueño, pero nunca perder el lugar de descanso en Cristo.

Todo se remonta a la revelación que discutimos sobre la creación de la mujer. Fuimos creadas para la comunión. La primera función de la mujer cada día era caminar y hablar con Dios en el jardín y al lado de Adán. Y este sigue siendo el diseño de Dios para nosotras. Sí, en la unidad de la familia todos hemos recibido habilidades y dones estratégicos para mantener el orden y la funcionalidad del hogar. Los platos deben ser lavados y la ropa tiene que ser doblada. Sin embargo, surge un problema cuando nuestra identidad se envuelve en nuestro desempeño y nuestro propósito descansa en nuestras tareas diarias.

El desafío es a hacer inversiones eternas todos los días en vez de solo inversiones temporales. No permitamos que nuestros días se gasten en el esfuerzo físico de nuestro servicio a la familia. Démosle a nuestra familia y a nosotras mismas algo que es una inversión que el enemigo no puede robar y que no se desvanece. Solo un momento de comunión con el Señor puede cambiar nuestra vida y la de nuestra familia.

Tengo que admitir que yo a veces me resistía al llamado de pasar tiempo con el Señor. Podía estar lavando la ropa o trabajando en un proyecto laboral cuando el Señor me llamaba a orar. Como madres, estamos acostumbradas a que nos llamen una y otra vez a lo largo del día. La mayoría de las veces cuando escuchamos nuestro nombre, sabemos que es porque alguien que amamos necesita algo de nosotras, y pasamos la mayor parte del día dando. Sin embargo, a diferencia de muchos otros en nuestra vida, Dios no nos llama porque necesita algo de nosotras. Él nos llama para darnos algo. Él aparece para recargarnos y refrescarnos en su presencia. Él quiere que descansemos en Él. ¡El descanso es la única manera de asegurar que podamos brillar para nuestra familia y para el Reino en lugar de agotarnos! La manera más efectiva en que podemos batallar por nuestros hijos es a través del descanso espiritual, incluso cuando la tormenta está en su apogeo.

Nuestra mayor arma y la prioridad más importante como madres es el arma de la intimidad con el Padre. Esta es la clave para una crianza dirigida por Dios, para dar frutos sobrenaturales en el hogar, y para obtener la victoria en cada batalla. Disciplinemos nuestra vida para buscar a Dios en intercesión y adoración.

Mi oración como madre del Reino es que al cerrar la última página de este libro no tengamos miedo, preocupación o sentimientos de insuficiencia. Oro para que al cerrar este libro iniciemos una vida de oración como nunca antes la habíamos tenido. Oro para que desechemos la sabiduría del mundo, su pensamiento, y los ídolos que han consumido nuestro tiempo y nuestro corazón, y que nos levantemos en unción para cambiar el mundo a través de la semilla en nuestra propia casa. Oro para que un deseo insaciable de buscar su presencia y su gloria se apodere de nosotras, y para que logremos nuestras mayores victorias en la sala de guerra de nuestra habitación de oración. Oro para que estrategias de crianza divina apropiadas a nuestro hogar nos sean reveladas. Oro para que comencemos a ver el fruto sobrenatural en la vida de nuestros amados hijos y que toda la casa comience a iluminar su Reino. Declaro que estaremos llenas del fuego del Espíritu y que caminaremos al ritmo de los latidos del corazón del Padre.

Así es como la guerrera dentro de nosotras se levantará. Así es como nos convertiremos en las poderosas arqueras que Él desea que seamos. Cada vez que doblemos el arco, el infierno temblará. Nuestro adversario verá que hemos moldeado, afilado, apuntado y disparado bajo la dirección del Espíritu Santo. ¡El infierno sabrá que nuestras flechas no pueden fallar! Esto es lo que nuestra nación y nuestro mundo necesita: un despertar de las guerreras que encenderán y despertarán la voz profética de sus hijos e hijas, liberándolos como flechas certeras en la oscuridad. Estas flechas están en la mesa de nuestra cocina y acompañándonos en el asiento trasero de nuestro vehículo todos los días. Están esperando que despertemos a nuestro propósito para que ellos puedan seguir el suyo. Al igual que a Ana, María, Elisabet y Jocabed, el enemigo debe temernos, porque tenemos en nuestro poder las armas secretas del Reino. ¡Que las guerreras que llamamos madres despierten y sean transformados los hogares! ¡Que la mano que mece la cuna sacuda al mundo para la gloria de Dios!

Notas

INTRODUCCIÓN

1. "Gang Member Statistics", Statistic Brain, 28 de febrero de 2016, visitada el 27 de octubre de 2016, http://www.statisticbrain.com/gang-statistics/.

2. "Suicide Prevention", Centers for Disease Control and Prevention, 10 de marzo de 2015, visitada el 27 de octubre de 2016, http://www.cdc.gov/violenceprevention/suicide/youth_suicide.html.

3. Kalman Heller, "Depression in Teens and Children", PsycCentral, visitada el 29 de noviembre de 2016, http://psychcentral.com/lib/depression-in-teens-and-children/.

4. "Child Sexual Abuse Statistics", National Center for Victims of Crime, visitada el 27 de octubre de 2016, https://victimsofcrime.org/media/reporting-on-child-sexual-abuse/child-sexual-abuse-statistics.

5. Ross Toro, "Prescription Drug Abuse Kills", LiveScience, 12 de diciembre de 2011, a visitada el 29 de noviembre de 2016, http://www.livescience.com/17406-prescription-drug-abuse-infographic.html.

6. "Child Trafficking Statistics: U.S. & International", Ark of Hope for Children, 19 de marzo de 2016, visitada el 27 de octubre de 2016, http://arkofhopeforchildren.org/child-trafficking/child-trafficking-statistics.

CAPÍTULO 2
LAS FLECHAS EN NUESTRA ALJABA

1. "Lexicon: Strong's H5828—*ezer*", visitada el 2 de diciembre de 2016, https://www.blueletterbible.org/lang/lexicon/lexicon.cfm?Strongs=H5828&t=KJV.

CAPÍTULO 3
LIBERADAS PARA LIDERAR

1. William Ross Wallace, "The Hand That Rocks the Cradle Is the Hand That Rules the World", visitada el 2 de diciembre de 2016, http://www.potw.org/archive/potw391.html.

2. "What Was the Significance of Weaning a Child in the Bible (Genesis 21:8)?" Got Questions Ministries, visitada el 2 de diciembre de 2016, https://gotquestions.org/weaning-child-Bible.html; "Infant and Child Care", The Jewish Agency for Israel, 28 de agosto de 2005,

visitada el 2 de diciembre de 2016, http://www.jewishagency.org/life
-cycle/content/24257.

CAPÍTULO 4
MANTENGA A SUS HIJOS ENCAMINADOS

1. *Diccionario de la Real Academia Española*, s.v. "restablecer",
visitada el 17 de enero de 2017, http://dle.rae.es/?id=WDnalAF.

CAPÍTULO 5
LA CRIANZA DE GUERREROS "ZURDOS"

1. "Lexicon: Strong's H334—*'itter*", visitada el 5 de diciembre de
2016, https://www.blueletterbible.org/lang/lexicon/lexicon.cfm
?Strongs=H334&t=KJV.
2. Richard Gottheil, Kaufmann Kohler, Marcus Jastrow, Louis
Ginzberg, y Duncan McDonald, "Benjamin", Jewish Encyclopedia,
visitada el 5 de diciembre de 2016, http://www.jewishencyclopedia
.com/articles/2947-benjamin.

CAPÍTULO 8
DEJEMOS DE LIDIAR Y COMENCEMOS A FORMAR

1. Yuritzy Ramos, "College Students Tend to Change Majors
When They Find the One They Really Love", *Borderzine*, 15 de
marzo de 2013, visitada el 6 de diciembre de 2016, http://borderzine
.com/2013/03/college-students-tend-to-change-majors-when-they
-find-the-one-they-really-love.
2. Susan Adams, "Most Americans Are Unhappy at Work",
Forbes, 20 de junio de 2014, visitada el 7 de diciembre de 2016, http://
www.forbes.com/sites/susanadams/2014/06/20/most-americans-are
-unhappy-at-work/#335b3eab5862.
3. "Suicide Prevention", Centers for Disease Control and Prevention.
4. Charlie Kluge, *The Tallit: Experience the Mysteries of the
Prayer Shawl and Other Hidden Treasures* (Lake Mary, FL: Charisma
House, 2016), p. 103.

CAPÍTULO 10
PERFECCIONEMOS LA LIBERACIÓN

1. "Lexicon: Strong's H286—*towb*", visitada el 15 de diciembre de
2016, https://www.blueletterbible.org/lang/lexicon/lexicon.cfm
?Strongs=H2896&t=KJV.

2. "Lexicon: Strong's H1573—*gome*", visitada el 15 de diciembre de 2016, https://www.blueletterbible.org/lang/lexicon/lexicon.cfm?Strongs=H1573&t=KJV.

3. Carolyn Roth, "Moses and the Bulrush Cradle", *God as a Gardener* (blog), 6 de agosto de 2011, visitada el 15 de diciembre de 2016, https://godasagardener.com/2011/08/06/moses-and-the-bulrush-cradle.

Capítulo 11
Vistámoslos, no los controlemos

1. "Lexicon: Strong's H4598—*m@'iyl*", visitada el 12 de diciembre de 2016, https://www.blueletterbible.org/lang/Lexicon/Lexicon.cfm?strongs=H4598&t=KJV.

2. "*M@iyl*", visitada el 12 de diciembre de 2016, http://www.biblestudytools.com/lexicons/hebrew/kjv/meiyl.html.

Capítulo 12
Tengamos valor, no miedo

1. "Lexicon: Strong's H5828—*ezer*", visitada el 12 de diciembre de 2016, https://www.blueletterbible.org/lang/lexicon/lexicon.cfm?Strongs=H5828&t=KJV.

Capítulo 13
Rompamos los ciclos generacionales

1. "Lexicon: Strong's H5771—*'avon*", visitada el 12 de diciembre de 2016, https://www.blueletterbible.org/lang/lexicon/lexicon.cfm?Strongs=H5771&t=KJV.

2. Grady Scott, "Blessed Are the Meek", Bible Topics in the Christian Library, visitada el 12 de diciembre de 2016, http://www.christianlibrary.org/authors/Grady_Scott/matt5-5.htm.

L<small>A PASTORA</small> D<small>EVEN</small> Wallace dirige la Redemption Church Point con su esposo, el obispo Kevin Wallace. Ella es la fundadora del Proyecto Zion, una organización sin fines de lucro dedicada a la abolición de la trata de personas y la capacitación de mujeres y niños para que obren de acuerdo a su posición en el Reino. Su misión consiste en rescatar a víctimas del abuso y capacitarlas para romper el silencio. Deven se inspira en su visión de motivar a la gente con un mensaje de esperanza y restauración para liberar a los cautivos. Deven tiene un mensaje profético que arde en ella para que los habitantes del mundo despierten a lo que Dios está haciendo. Sus mensajes están causando una ola de avivamiento y que la gloria de Dios sea liberada en las naciones de la tierra.

Los pastores Kevin y Deven viven en Chattanooga, Tennessee, con sus cuatro hijos: Jeremiah, Isaiah, Zion y Judah.

El Proyecto Zion es una organización sin fines de lucro basada en la fe que busca restaurar a mujeres y niños espiritual, física, social, económica y emocionalmente. Nos esforzamos en lograr la restauración integral de mujeres jóvenes sobrevivientes de la explotación sexual y la violencia. Además, buscamos crear una conciencia preventiva en aquellos que están en alto riesgo de ser involucrados en esta injusticia. Estos objetivos se logran a través de la educación, la exposición, la restauración y la transformación. Actualmente, el proyecto Zion opera en Estados Unidos, Guatemala, Rumania, Bulgaria y Tailandia. Algunas de las iniciativas en marcha del Proyecto Zion incluyen los programas: Restoration Day Program, Hope Mentorship, Christmas Express, Beautifully Broken, y diversas asambleas realizadas en escuelas, iglesias y organizaciones cívicas. Los planes futuros del Proyecto Zion incluyen un centro y hogar para la restauración el sudeste de Tennessee.

THE ZION PROJECT

WWW.THEZIONPROJECT.NET

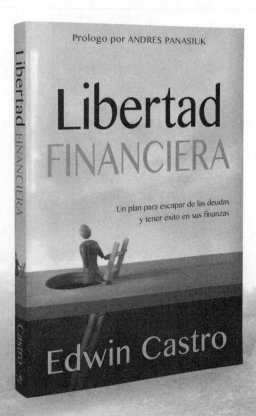